Anne Tabak • Karin Blaauwijkel • Emma Ringelding

AUF DER SUCHE NACH FRIEDEN

JAZZY & BERTHA VON SUTTNER

SYNDIKAAT

UITGEVERIJ SYNDIKAAT
KLUMPERKAMP 11
7214 BA EPSE

www.syndikaat.nl
www.brinkpoort.nl

Projektleitung, Verlag, Editor: Marc de Lobie
Design: Leuk Ontwerp!
Druck: Veldhuis Media, Meppel

ISBN 978-94-93204-44-7

Autoren: Zeichnungen: Karin Blaauwijkel, Emma Ringelding
Diese Graphic Novel basiert auf einer Geschichte von Anne Tabak und ist Teil des Projekts „Frieden vorgestellt – Inspiration, Idealismus und Identität" (Vrede Verbeeld – Picturing Peace) von Stichting Denkroutes.

Dieses Buch wäre nicht zustande gekommen ohne: Hubert van Belois, Ingrid Huijsmans, Petra Keppler, Greta Noordenbos, Sonja Rexwinkel, Willem Ritstier, Marie Louise Schoondergang, Katinka van der Spek, Jessica Teunissen, Jan Durk Tuinier

Brainstorming-Gruppe: Frans Groot, Clea Blok, Ine Mulder, Willemijn Schuiling, Victor van Elk, Simone van der Spek

Wir danken unserer Partnerschule, dem Bertha-von-Suttner-Gymnasium Oberhausen, insbesondere: Jonathan Heuer, Sacha Reuen, Lina Kindermann, Stefan Schubert, Nicole Kaltelberg

Studenten der International School of The Hague (ISH), die bei der Realisierung dieses Buches mitgewirkt haben: Florian Brenne, Tiziano Castellaneta, Elise French, Saraf Goldberg-Marcus, Zain Hassane, Eva Nijssen, Varvara Nikulshina, Kavin Shankar, Michael Sheriff, Jiayi Weng, Julian van Zanten

Und Mitarbeiter der International School of Den Haag: Richard Matthews, Annette Sloan, Maria Lamminaho, Gina Maxwell, Erwin Mossel, Marga Vallduriola, James Davis, Hanneke de Groot, Wieneke Maris

DENK ROUTES

STICHTING DENKROUTES
SPEENKRUIDSTRAAT 11
2555 PN DEN HAAG

www.denkroutes.nl

Für Sekundarschullehrer in den Fächern Geschichte, Politik, Deutsch Sprache und Kunst, bitte besuchen Sie bitte unsere für Unterrichtsmaterialien:

Die Organisationen, die uns finanziell unterstützen:

fonds

Co-funded by the European Union

het cultuurfonds

Fonds 1818

Stichting F.S. Tijmstra

MIX
Papier van verantwoorde herkomst
FSC® C092667

® Onze drukker heeft een FSC CoC certificaat en past duurzame productiemethodes toe

GESCHAFFT! Ich habe den Auftrag
Was für ein Auftrag?
"Auf den Spuren von..." erinnerst du dich? Ich habe dir davon erzählt.
Ih! Was essen wir da?
Omas Hühnertopf. Mit Reis!
Du weißt doch, dass ich kein Fleisch esse, Papa! Mama respektiert das immer!
Aber deine Mutter ist auf Reisen, also...

Also...
Lass mich raten! Zu Hause gab es wieder mal nur was mit Fleisch?
Mein Vater nervt mal wieder total!
Leckeres Hummus, Lot.
Nicht so mein Fall.
Carl schreibt. Ob wir zum Malieveld kommen zum Chillen. Orlando kommt auch.
...nicht viel später.
Was läuft?
Ich habe den Foto-Auftrag!
Und, gibt's da Geld für?
Ja, und zwar nicht zu knapp!
Ich freu' mich so für dich!
SMAK!
Und was sollst du fotografieren?
Eine berühmte Person, die etwas mit Den Haag zu tun hat.
Das Thema ist: "Auf den Spuren von...".

Jemand, der hier Spuren hinterlassen hat?
"Auf den Spuren von..."? -- Interessant! Klingt nach Geschichte.
Wenn ich am Strand bin, höre ich immer der Brandung zu. Die gibt's ja auch schon ewig!
Alles ok, Carl?
Lass gut sein, er ist halt unser Philosoph.
Wow, soll das ein Kompliment sein?
Bei mir geht's um Bertha von Suttner.
Bert von Suter? Nie gehört.
Nein! BERTHA VON SUTTNER!
Ich sag ja: nie gehört!
Geboren in Österreich, hieß erst Bertha Kinsky.
Klingt irgendwie exotisch!
1843 geboren. Das ist ja ewig her!
Ich geh Falafel kaufen. Möchte sonst noch jemand was?

Für mich auch Falafel!
Immer schön vegan, was? Für mich Hamburger mit allem drum und dran!
Für mich auch. Also wie Lot, bloß nicht wie Jazzy. .
Geht klar!
Am nächsten Tag
Wie bist du eigentlich an den Auftrag gekommen?
Ich habe meine Arbeiten gezeigt, und sie meinten: Nicht übel…
Und die Fotos, die du von meinem Graffiti gemacht hast? Hast du die auch gezeigt?
Sorry, die habe ich rausgelassen.
Hey! Warum das? Und das Foto von mir? Als ich in dem Theaterstück mitgespielt habe?
…äh…

Nicht viel später.
Hatte ich schon erzählt, dass Bertha von Suttner auch Alfred Nobel kannte?
Florence
Den vom Nobelpreis? Krass!
Später gewann sie diesen Preis selbst -- als erste Frau!
Gut gemacht, Bertha!
Und ohne sie hätte Den Haag vielleicht nie den Friedenspalast bekommen.
Hatte sie denn so viel Geld?
Nicht wirklich! Das Geld kam von Andrew Carnegie - das ist ein megareicher Amerikaner.
Klopf! Klopf!
Hatte Bertha was mit dem?
Herein!
Nö, aber Bertha war wohl eine von denen, die ihm rieten, Geld in den Bau des Friedenspalastes zu investieren.
Jazzy, wie schön! Und du hast eine Freundin mitgebracht! Hereinspaziert!

Klappt es zu Hause, jetzt wo deine Mutter für das Rote Kreuz im Ausland ist?
Klar. Wir folgen ihr auf Social Media.
Und was machst du so?
Kennst du Bertha von Suttner, Oma?
Natürlich! Ich habe ihr Buch "Die Waffen nieder!" Muss mal eben sehen, wo es steht.
Wow! Echt cool! Hätte nicht gedacht, dass du solche Bücher liest.
BERTHA VON SUTTNER
DE WAPENS NEER!
Da ist es!
Ich wusste gar nicht, dass du Pazifistin bist.
Was? Selbstverständlich! Wer kann denn wohl für Krieg sein?
Ich bin auch total gegen Krieg, aber ich mag Kriegsfilme und Shooter. Ist das schlimm?

Am nächsten Tag
Hey Süße, was liest du da?
Das Buch von Bertha von Suttner. Ich hoffe, es inspiriert mich irgendwie.
Und? Funktioniert es?
Definitiv. Martha ist die Hauptperson. Coole Frau!
Übrigens ähnelt sie Bertha von Suttner selbst stark.
Inwiefern?
Martha ist auch adelig, ihr Vater ist auch General, und Bertha lässt sie genau das sagen, was sie selbst denkt.
Sie versteckt sich also hinter Martha, um ihre Ideen bekannt zu machen. Keine schlechte Idee!
Und sehr inspirierend für mich.

Es war einmal eine kleine Gräfin. Ihr Name war Martha Althaus.
Sie war jung, hübsch, schlau und kam aus einer reichen Familie.
Mit 18 Jahren heiratete sie einen feschen Husaren.
Dunkle Locken,
Verführerisches Lächeln,
Perfekt sitzende Uniform,
Nach einigen Monaten war sie bereits stolze Mutter eines wundervollen Sohnes.
Natürlich wussten Vater und Großvater schon, was der junge Spross später werden würde.
Kräftiges Kerlchen.
Ein geborener Soldat!
Und wenn er im Krieg fällt?
Du gehst erst, wenn Gott dich ruft.

1859
Nicht viel später brach ein Krieg zwischen Österreich und dem Königreich Neapel-Sizilien aus. Der Husar freute sich schon darauf, endlich in den Krieg ziehen zu können.
Herzlichen Glückwunsch, werter Schwiegersohn. Du bekommst deine Feuertaufe.
Ich will nicht, dass du gehst, Liebster!
Womöglich passiert dir etwas und dein Sohn und ich bleiben allein zurück.
Du solltest stolz auf mich sein, wie es sich für eine gute Soldatenfrau gehört.
Auf diese Weise nimmst du mir den Mut.
Lasst uns für einen Sieg beten.
Was wäre, wenn Gott deinen Tod bereits beschlossen hätte?
Aber es schadet nichts, zusätzlich zu beten.
Martha wurde mit 19 Jahren Witwe. Ihr geliebter Mann war auf dem "Feld der Ehre" gefallen.
Ein schöner, beneidenswerter Tod.

Für diejenigen, die auf dem Schlachtfeld blieben, hat der Himmel die schönsten Wohnungen.
Martha ging kaum mehr nach draußen.
Sie schloss sich mit ihren Büchern ein und trauerte vier Jahre.
Früher war ich wild auf Geschichts-bücher.
Ich verschlang die Geschichten von Jeanne d'Arc....
Ich wollte auch für das Vaterland kämpfen, genau wie Jeanne.
Aber jetzt lese ich andere Bücher. Sie sind gegen alles, was ich von meinem Vater gelernt habe.
Der erzählte immer die schönsten Geschichten.
Krieg ist glorreich! Gut für das Land!

Du besetzt neue Gebiete, die du ausplündern kannst. Wenn der Feind besiegt ist, hast du das Sagen! Und die Toten? Ach, das schafft Platz.
Es gibt immer genug andere arme Kerle.
Und die Kriege nahmen kein Ende. Ein Krieg folgte dem anderen. Das schien unvermeidlich, genau wie Naturkatastrophen.
Aber jetzt begreife ich, dass Kriege nur durch Menschen gemacht werden.
Kriege schaffen nur Elend.
Was wissen Frauen denn von Vaterlandsliebe und Ehre?
Du müsstest es besser wissen als Frau eines Veteranen!

Logisch, dass der Vater sauer ist. Er war General und jetzt sagt seine Tochter, dass er falsch liegt. Das akzeptiert so'n Typ nicht.
Ja, das ist, als wenn du mit einem Fleischesser über Veganismus diskutierst.
Tsss!
Ja, das tut weh, was, Lotje? Du weißt, dass es falsch ist. Dem General ging es genauso.
Unsinn! Fleisch ist megalecker! Du musst einfach nicht zu viel darüber nachdenken.
Schau dir doch die Veganer an: Alle bleich im Gesicht! Ihnen fehlen einfach wichtige Nährstoffe.
Meinst du wirklich?
Hey, das bringt mir nichts. Ich gehe.

Die Martha aus dem Buch ist eigentlich cooler als ihre Schöpferin Bertha, aber sie hat nie wirklich existiert.
Und deswegen ist Martha natürlich auch nie wirklich in Den Haag gewesen. Also wird es echt schwierig, Fotos zu machen.
Hey, Mike!
Jazzy!
Die beste Fotografin aller Zeiten -- das warst du schon in unserer Grundschulzeit.
Bist du doch zur Armee gegangen?
Ich bin bei der Luftwaffe.
Ooooh! Du fliegst so einen Kampfjet und malst damit herrliche Streifen an den Himmel?

Nein, ich steuere Drohnen. MQ9 Reaper. Genau so, als wärst du in einem Game. Erinnerst du dich noch an DCL?
Drone Champions League, ja klar! Du warst die absolute Nummer eins!
Aber jetzt schieße ich mit echten Raketen. Ich trainiere, Terroristen auszuschalten.
Aber woher weißt du, dass es sich um echte Terroristen handelt? Und wenn es schief geht? So wie damals in Hawija?
Oh, es beginnt zu regnen, und ich muss weiter. Cool, dich getroffen zu haben. Ciao!
Häh? Das war aber ein plötzlicher Abflug!
Den Haag

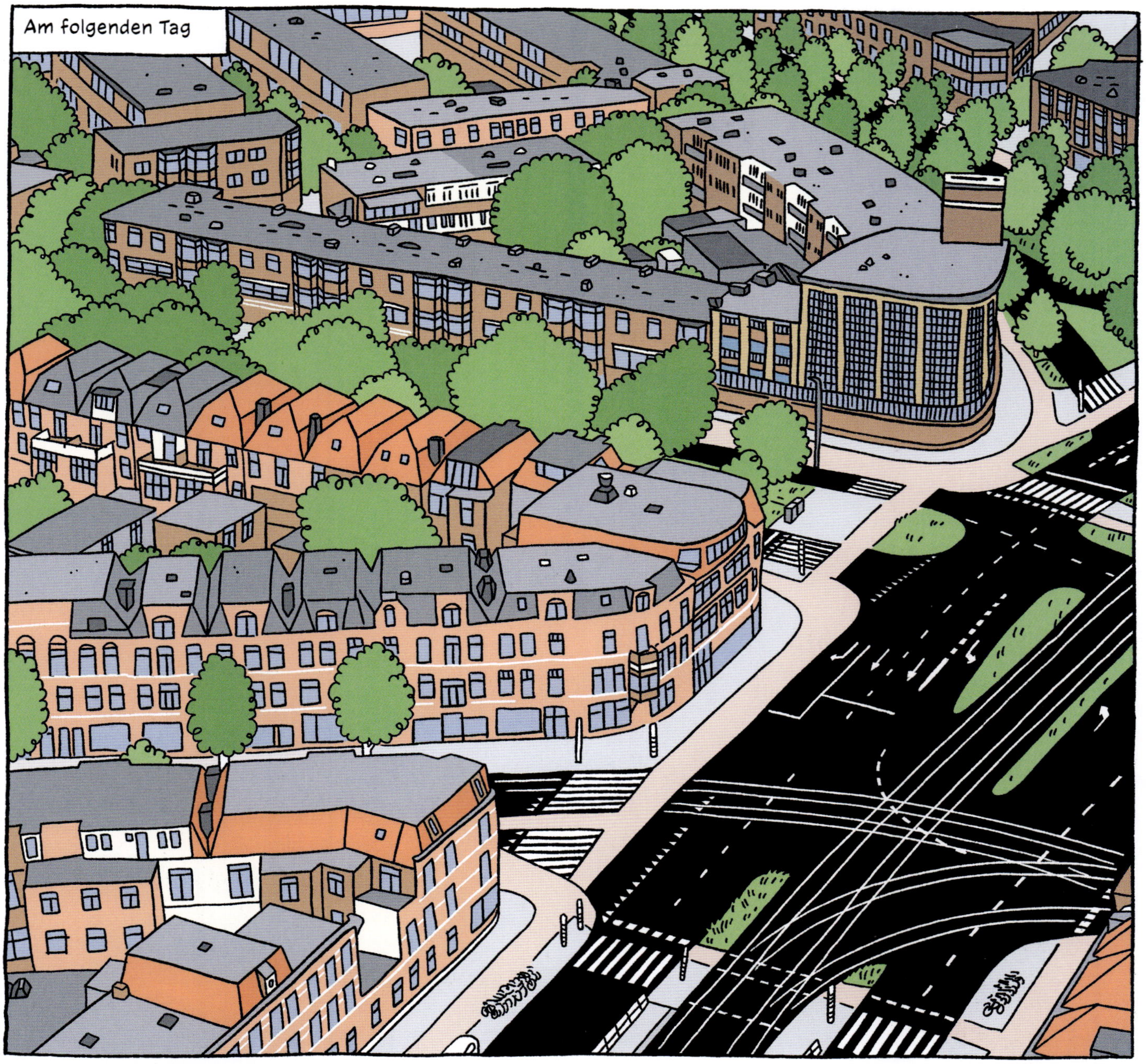
Am folgenden Tag

Paul Krugerlaan
Waffenstillstand, mein kleiner Aktivist?

Ich finde, richtig Frieden schließen wäre noch besser! Aber jetzt lese ich weiter.

Nachdem sie vier Jahre lang Bücher gelesen hat, zeigt Martha wieder Interesse an der Außenwelt.
Alle meinen, sie solle wieder Partys, Theater, schöne Kleider…
… und das Interesse heiratslustiger Männer genießen.
Doch Männer interessieren sie kaum noch.
All' diese Anbeter mit ihrem oberflächlichen Gerede.
Gnädige Frau, Sie sahen bezaubernd aus beim gestrigen Damenpicknick!
Mein Kompliment!
Und es sind immer hochrangige Militär-angehörige.
Ich werde nie wieder einen Soldaten heiraten.

Doch dann tritt Major von Tilling auf. Er kannte ihren Mann und war dabei als dieser starb.
Sie sind doch die Witwe des Husaren?
Er erzählt ihr, wie es auf dem Schlachtfeld zuging.
Und wie Marthas Mann starb...
Martha merkt, dass er den Krieg nicht idealisiert, ganz im Gegenteil.

Schon schnell zeigt sich, dass von Tilling...
Eine lächerliche These, dass wir von den Affen abstammen.
Gott machte uns zur Krönung seiner Schöpfung.
Darwin ähnelt selbst einem Affen!
Nein, ihr ähnelt mehr Papageien, die einander alles nachplappern.
... auch kritisch über andere hemen denkt.
Wie kann man gegen eine Idee sein, ohne das Buch gelesen zu haben?
in mutiger, aufrichtiger und klarer Geist.
Kein leeres Gerede,
Pfiffig und neugierig,
Hübscher Kerl,
Ungebunden? Am besten schnell abchecken!
Uniform? -- Oh nein, nich wieder!

Aber schnell springt der Funke über....
Du hast also nichts mit der Prinzessin?
Keinesfalls.
... und kurze Zeit später heiratet Martha den Major von Tilling.
.. hier steht: "Das Ansehen des militärischen Stand ist umgekehrt proportional zum Zivilisationsniveau eines Volkes."
Sie diskutieren lebhaft über die Bücher, die sie zusammen lesen.
Je zivilisierter du also wirst, desto weniger bist du mit mir einverstanden?
Nein, Friedrich! Meine Liebe zum Krieg schwindet,
doch meine Liebe zu dir wächst immerzu.
Und so leben sie noch lange Zeit glücklich...

...bis der nächste Krieg ausbricht.
1864
Ich will nicht, dass du gehst! Ich will dich nicht verlieren!
Österreich-Ungarn unterstützt die Preußen im Deutsch-Dänischen Krieg.
Die Pflicht ruft, Liebste, doch mein Herz ist schwer. Wäre ich doch nie Soldat geworden!
Ich schreibe dir, so oft ich kann. Es bricht mir das Herz!
Sehe ich dich je wieder? Was, wenn du die Geburt nicht überlebst?
Sehe ich dich je wieder?
Wenn du nun totgeschossen wirst oder nach Tagen des Leidens auf dem Schlachtfeld krepierst?
Das Baby wird tot geboren.
All' dieser Stress....
NEIN!

Pfff, so ein Schwächling! Entweder bist du ein guter Soldat oder du solltest etwas anderes tun.
Er hatte keine Wahl, er war doch von hohem Adel. Baron oder so was.
Bei der Musterung zur Armee ist man entweder "tauglich" oder "nicht tauglich".
Nun, er war jedenfalls untauglich.
Puh, krasse Aussage.
Wärst du denn dabei, eine Partie Drachentöten zu spielen?
Was für eine Frage! Attacke!
Auf geht's! Deeeep down!
Heftig!

Ah! Diese Hydra ist echt gemein! Wie viele Köpfe hat das Biest eigentlich, Orlando?
Yes! Jetzt nur noch zwei! Gut gemacht, Süße!
Neeein! Ich schlage einen Kopf ab und zwei wachsen nach! Wie kann ich dieses Biest jemals besiegen?

Hi, Semmy
Hmpff
Mann, warum bist du so dreckig?
Ach, halt die Klappe.
Wie war der Schulausflug nach Yper? Wie fandest du die Schützengräben aus dem Ersten Weltkrieg?
Ja, du wolltest diese Schützengräben unbedingt sehen, oder? Du liebst doch Geschichte!
Und es hat in Strömen geregnet.
Es war absolut furchtbar, das zu sehen!
Aber genau das wolltest du doch: Schlamm, Ratten und so weiter... klingt episch!
Und Mirko war total seltsam drauf. Der salutierte bei jedem Stein. Und da waren massenhaft Steine.
Steine?

Grabsteine! Reihe an Reihe. Wir haben kaum Schützengräben gesehen, nur Tausende von Grabsteinen. Und der Guide erzählte bei jedem Stein, was darauf stand. Ich dachte echt, ich drehe durch.

Ja, jeder einzelne dieser Soldaten hat seinen Beitrag auf dem Schlachtfeld geleistet.
Wenn die Leute damals ein bisschen mehr für die Soldaten getan hätten, als sie noch lebten, statt hinterher Grabsteine zu verherrlichen, hätte ich nicht so viele Kilometer latschen müssen. Jetzt bin ich k.o.!

Hier! Spiel du mal mit Orlando weiter gegen den Drachen. Dabei erholst du dich bestimmt. Ich werde mein Buch weiterlesen.

Nachdem sie ihr Kind verloren hat, ist Martha krank vor Elend.
Sie träumt im Delirium.
Verstümmelt zurückgelassen ... auf dem Schlachtfeld ... eiternde Wunden ... lebendig begraben.
Doch Friedrich kehrt zurück...
Friedrich? Träume ich?
... und erzählt Martha von dem Horror, den er erlebt hat.
All diese Tausende von Männern. Schrecklich! Warum berichtet ihr nicht überall in der Öffentlichkeit von dem Furchtbaren, was ihr erleben musstet?
Erzählst du deinen Schwestern von unserer wundervollen gemeinsamen Nacht?
Bestimmt nicht. Das ist eine Frage des Anstands!
ANSTAND?!
Wie kann massenhaftes Abschlachten von Menschen anständig sein?
Ich will nicht, dass du noch länger Soldat bist!
Doch Friedrich hat keine Wahl. Er besitzt kein eigenes Geld, und sich von seiner reichen Frau aushalten lassen, ist undenkbar.
Ich werde ihnen zeigen, was "Anstand" ist!
Und diesem heuchlerischen Unsinn für immer ein Ende bereiten!

Wie in einem Rausch so viele Männer wie möglich abzuschlachten, macht dich nicht zum Helden Vater, sondern zur Bestie. Damit zu prahlen, ist wirklich widerlich.
Bei den Friedensverhandlungen von euren Diplomaten geht es oft einzig um deren Eigeninteressen.
Das bringt keinen dauerhaften Frieder
Und die Verlierer auch noch zur Zahlun von Reparationen zu zwingen... schämt ihr euch nicht?

Gott ist auf unserer Seite? Lächerlich! Das sagt der Feind auch. Das ist nur eine zweifelhafte Rechtfertigung. Warum ist es eine Todsünde, die Aussagen der Kirche anzuzweifeln? Wisst Ihr, Tante, Frauen sollten sowieso mehr von sich hören lassen, ihrem eigenen gesunden Menschenverstand mehr vertrauen.
Und Sie sagen, dass WIR uns vorsorglich bewaffnen müssen ? Aber das tun die Anderen dann doch auch. Und wenn du erst einmal Waffen hast, drängt es dich, sie auch zu benutzen. Um deinen Ruhm zu mehren! Und die Bevölkerung? Dass sie darunter leidet, ist euch egal!
Waffenhandel ist gut für die Wirtschaft? Du meinst, gut für die Waffenindustrie. Bauern werden Soldaten, statt zu ernten. Väter sterben, ihre Kinder werden Waisen. Hungersnot, Armut, Krankheiten, Zerstörung... Gut für die Wirtschaft? Ganz und gar nicht!
Das Vaterland verteidigen? Wieso? Das Vaterland sollte dich verteidigen! Deine Frau, deine Kinder, dein Haus und deinen Hof! Es ist wirklich keine Heldentat, irgendwo, weit weg von zu Hause, andere Väter zu töten.

Aber es wird immer Konflikte geben.
Ein Konflikt ist nicht automatisch ein Krieg.
Verhandeln über wirklichen, dauerhaften Frieden ist der wahre Mut!
Stimmst du mir zu, dass die Soldaten, die sich an die Front schickenlassen, eigentlich Feiglinge sind?
Aufstehen und verkünden, was du vom Krieg hältst, ist tapfer und gut für das Vaterland...
Nein, für alle Länder! Du bist meine Heldin, Martha!
Doch die Realität holt sie ein. Österreich und Preußen stürzen sich in einen Bruderkrieg und Friedrich muss erneut an die Front.
1866.
Ich will dich nicht gehen lassen.
Wenn ich doch schon früher das Soldatenleben hätte beenden können. Jetzt macht mein Vaterland mich wieder zu einem Mörder.
Wenn ich zurückkomme, kämpfen wir zusammen für den Frieden. Das schwöre ich dir.
Gehe für Gott, Kaiser und Vaterland.
Der Sieg ist sicher!

Alles, was Martha tun kann, ist Zeitung lesen, sich nach Briefen sehnen und Verbandsmaterial herstellen.
Gott sei Dank, Friedrich steht nicht bei den Gefallenen.
Friedrich!!
Ich hoffe, dass meine Albträume nicht wahr werden.
Du bist verwundet! Niemand sieht dich! Du wirst .....
Nein, ich komme, um dir zu helfen!
Und so reist Martha an die Front.
Wenn wir nicht da wären, würde sich niemand um sie kümmern. Die Armee marschiert weiter.
Sie trifft mutige Sanitäter und Ärzte, die ihr erzählen, was sie an der Front erwartet.
Es zeigt sich, dass die Preußen schnellere Gewehre haben und die Österreicher in Scharen fallen.
Und mein Vater sagt immer, dass Ärzte nur im Weg sind...
Er nennt sie Schnüffler. Sie würden den Krieg entweihen. Tss!

Einmal angekommen...
Lass mich nicht hier zurück...
Wenn wir das Schlachtfeld absuchen, müssen wir vielen Menschen ihr Schicksal überlassen.
Ich werde sterben.
BAM!!
Wir tun alles, um das zu verhindern, mein Freund.
Auf den Gesichtern der Gefallenen kann man oft sehen, dass sie einen langen Todeskampf hinter sich haben.
Wie können wir ihnen allen jemals helfen?
Indem wir für sie da sind.
Ein paar Gramm Menschlichkeit gegen tausende Kilo Leid.
Friedrich, mein Lieber Friedrich... Wo bist du nur?
Heilige Maria, sei mir und meinen Brüdern gnädig.

ZZZ
Die Hydra... der Drache... wie viele Köpfe das sind... Wie werde ich sie jemals besiegen?
Immer wieder das Gleiche bekämpfen...
Aber ich gebe niemals auf! Ich mache weiter!
Oh, nein! Das schaffe ich nicht allein!
ORLANDO!

Diesem Morgen
Wo ist der Tofu? Ich habe dir doch geschrieben.
Ich konnte ihn im Supermarkt nicht finden. War in Eile.
Sie packen den immer in die hinterste Ecke direkt neben das Fleisch.
Und das Fleisch findest du natürlich immer.
Fleischessen ist in meiner Welt das "notwendige Übel", so wie der Krieg, der zu Marthas Zeiten schöngeredet wurde.
Mein Geschichtslehrer sagt, dass wir das Fleischessen später mal genau so merkwürdig finden werden wie die Sklaverei und dass wir nicht verstehen werden, warum es nicht schon früher abgeschafft wurde.
Massentierhaltung ist einfach unmenschlich!
Hey! Vorsicht! Das ist ein Teil meins Berufs!
Und von meinem Gehalt werden deine Schulbücher, deine Kleider, dein Smartphone und alles andere bezahlt. Du bist wohl ein bisschen heuchlerisch, mein Fräulein!

Kann ich was dafür? Ich wurde in diese Situation hineingeboren. Muss ich mich jetzt schämen?
Ich esse lieber bei Lot! Tschüss!
Muss ich mich schämen? Bin ich heuchlerisch? Ich versuche doch etwas zu verändern, oder?
Ich kann doch nicht so tun, als wäre nichts?
Das wäre zu einfach!
Aber der ewige Streit mit Papa führt zu nichts. Der ist dann nur sauer, und einen neuen Job findet er auch nicht so einfach.
Martha war auch eine Gefangene ihrer Welt. Ihr Vater war General und verdiente das Geld .... Und dennoch bezog sie Stellung gegen den Krieg!

Wieder Zoff zu Hause?
Cool, dass ich hier pennen darf, Lot. Mein Vater macht mich verrückt!
Tja, das ist bei Eltern normal.
Ich habe super schlecht geschlafen und hatte einen schlimmen Albtraum.
Über die Hydra und wie du und Orlando zusammen den Drachen auseinander-genommen habt? Mann, das ist ja 'ne Story für'n B-Movie.
Naja, man muss sich verbünden, wenn man gegen Ungerechtigkeit kämpfen will, das ist doch klar..
Ich muss heute unbedingt das Buch über Martha zu Ende lesen. In vier Tagen muss ich den Auftrag fertig haben.
Und wen wirst du fotografieren? Die Martha aus dem Buch? Oder die Schriftstellerin Bertha von Suttner?
Weiß noch nicht. Erst mal sehen, wie das Buch endet.

Ohne Hoffnung kehrt Martha nach Hause zurück.
Ich konnte Friedrich nicht finden. Ich konnte ihm nicht helfen. Ich konnte iemandem helfen.
Es war schrecklich, überall...
Aber Martha... Friedrich ist zu Hause.
In Sicherheit zu Hause, aber besiegt.
Ihr Vater ist schwerkrank.
Krieg und Hunger sind die Ursache für einen anderen mächtigen Feind der Menschheit ... eine Epidemie.
Ach, liebes Väterchen.
Cholera...

Egal ob Sieger oder Besiegter, jeder Soldat bringt die Krankheit unbeabsichtigt mit nach Hause...
.. .und infiziert dort das Trinkwasser.
Die geschwächte Zivilbevölkerung hat kaum Widerstandskräfte.
Die Ursache von Cholera ist noch unbekannt.
Das ist die Strafe Gottes.
Die Krankheit breitet sich aus und Tausende von Europäern sterben.
Ich halte mein Wort:
Wenn ich mich erholt habe, werde ich ein Soldat für den Frieden.
Mit ihrem Erbe können Martha und Friedrich frei durch Europa reisen. Zuerst nach Genf...

.... wo sie sich sehr dafür einsetzen, andere von ihrer Mission zu überzeugen.
Statt einer besseren medizinischen Versorgung auf den Schlachtfeldern sollten wir besser Kriege vermeiden.
Die Genfer Konvention wird von immer mehr Ländern unterzeichnet.
Und danach zur Weltausstellung von 1867.
Ach, Paris, wie bist du schön!
Café
RESTAURANT
BRASSERIE
Du bist nicht nur die Hauptstadt eines Landes, sondern die Hauptstadt ganz Europas.
Wenn alle diese Länder eine Einheit bilden würden, bräuchten sie nie wieder Krieg gegeneinander zu führen.
So ist es.

Sie lesen von hoffnungsvollen Veränderungen.
.... sogar führende Weltpolitiker drängen auf Abrüstung.
Revue des deux Mondes
Sie laden einflussreiche Freunde zum Abendessen ein.
Wenn zwei Bürger einen Streit haben, schlagen sie sich auch nicht gleich den Schädel ein, oder?
Natürlich nicht, wir sind doch ein zivilisiertes Volk!
Genau! Sie verklagen sich gegenseitig vor Gericht. Das könnten Länder doch auch tun.
Genial!
Ob sich mächtige Länder daran beteiligen?
Aber es gab auch Rückschläge.
Preußen führt also die allgemeine Wehrpflicht ein? Eine Katastrophe!
Dann werden andere Länder nachziehen.
Das ist doch sehr demokratisch, mein Freund?
Als moderner Mensch sollten Sie das zu schätzen wissen.
Wenn wirklich alle Menschen kämpfen müssen, wird es automatisch Proteste gegen die Gräuel des Krieges geben. Dann kann niemand mehr einfach wegsehen und alles totschweigen.

Vielleicht werden wir einen dauerhaften Frieden in Europa nicht mehr erleben.
Dennoch dürfen wir nicht aufgeben. Jeder kleine Schritt in die richtige Richtung zählt.
1870. Deutsche Truppen belagern Paris. Martha und Friedrich befinden sich erneut an der Front.
Wir können nicht aus Paris weg!
Was jetzt?
LA PATRIE EST EN DANGER!
Paris wird zu einer Festung...
Es gibt fast keine Lebens-mittel mehr.
...und es bricht Chaos aus.
?
Komm mit, Rudolf! Nach Hause.
Schnell, Rudolf! Nach oben.
Hört ihr das? Der Kerl ist ein Deutscher!
Das ist ein deutscher Spion!
Ergreift den Verräter!

So findet der bekehrte Soldat dennoch sein Ende durch eine Kugel.
Doch Martha setzt ihre Mission fort.
Sehr geehrter Herr Carnegie...
"Die Waffen nieder!"
Oder war es Bertha von Suttner, die mit Hilfe ihres Romans ihre Mission fortsetzte?
Das Buch wurde ein voller Erfolg. Bertha reiste durch Europa und in die USA, um für ihre Mission für den Weltfrieden zu werben.
Es ist mir eine Ehre, Sie als Präsident hier in Washington begrüßen zu dürfen.
1899. Das Kurhaus in Scheveningen.
Hier war sie während der ersten Haager Friedenskonferenz
Bertha war verwehrt, an offiziellen Besprechungen teilzunehmen,
aber in ihrem Salon spricht sie mit verschiedenen einflussreichen Menschen.

Das wichtigste Ergebnis der Konferenz war der 'Ständige Schiedshof', der einer friedlichen Beilegung von Konflikten zwischen Ländern diente.
Schön, dass Sie bereit sind, den Bau des Friedenspalastes zu finanzieren, Herr Carnegie.
Sagen Sie einfach Andrew. Es ist mir eine Ehre, etwas zum Weltfrieden beizutragen.

Nach Bertha von Suttners Tod im Jahre 1914 sollen noch viele weitere schreckliche Kriege folgen.
Dennoch hat sie mit ihrer Mission viel erreicht. Durch ihr Engagement wurde Den Haag schließlich zur Stadt des Friedens und der Gerechtigkeit.
Ha! Sie müssen alle sterben!
Yes! Wieder einen erledigt!

Im Gemeindearchiv kann ich wahrscheinlich einige alte Fotos finden.
Das sind die offizielleren Dinge, aber wir haben auch noch Objekte aus der Zeit, als Bertha von Suttner Den Haag besuchte. Etwa vier Mal war sie vor Ort.
Es wurden Karten und Bilder herausgegeben. Offiziell organisierte der russische Zar die Konferenz, und zwar im Schloss „Huis ten Bosch".
Fünf Jahre später führte dieser Zar Krieg gegen Japan!
Aber waren denn absolut keine Frauen dabei?
Doch, Königin Wilhelmina. Schließlich war es ihr Palast.
Alle Ehefrauen der Delegationsmitglieder wurden in den Luxushotels der Stadt untergebracht.
Die Reichen der Welt bekamen Zimmer in Hotels wie dem Kurhaus in Scheveningen.
Bertha richtete ihren sogeannten "Salon" ein: eine Art Schattenkonferenz. Tee trinken und nebenbei Netzwerke knüpfen. Ziemlich schlau!

Und jetzt bloß noch neue Fotos machen und sie mit den alten Fotos verbinden.
Etwas später
Warum wolltest du dich hier treffen, Jazzy?
In Huis ten Bosch fand 1899 die Friedenskonferenz statt. Deshalb!
Du trittst jetzt also wirklich in Berthas Fußspuren! Zum Tee beim König!
Bei der Königin. Wilhelmina stellte ihren Palast für mehr als einen Monat zur Verfügung. Wichtige Vertreter aus 26 Ländern nahmen teil.
Los jetzt, wir müssen zum Nutshuis, sonst kommen wir zu spät.
Wenig später am Nutshuis.
...96 % der niederländischen Bevölkerung isst regelmäßig Fleisch. Dafür wird ein Fünftel des Haushaltsgeldes ausgegeben. Durch eine effiziente Produktion wird Fleisch immer günstiger. Denken Sie nur an Hühner und Rinder aus Massentierhaltung...
NUTSSPAARBANK
5
Fakten über Fleisch
...was zu einem enormen Anstieg der Stickstoff- und CO2-Emissionen führt.

Große Mengen Tierfutter werden importiert. Der überwiegende Teil des Fleisches, nämlich 75 %, wird wieder exportiert.
Der Transport erfolgt per Flugzeug, Schiff oder LKW, also mit Hilfe von fossilen Brennstoffen. Es geht hier nicht nur um ein paar Fürze von Kühen!
0,9 % der niederländischen erwerbstätigen Bevölkerung arbeitet in der Fleischindustrie, die wiederum für 40 % der Umweltbelastung verantwortlich ist.
Nehmen wir das Tierfutter einmal unter die Lupe. Für den Sojaanbau werden große Dschungelgebiete mit Regenwald gerodet. Vor allem Brasilien betreibt Raubbau im Amazonasgebiet.
Die Lungen der Welt werden in rasantem Tempo abgeholzt, um den Fleischkonsum sicherzustellen… Und unzählige Tierarten sterben dadurch aus, ganz zu schweigen von der globalen Erwärmung.
So viele Infos. Mir platzt fast der Kopf. Ein bisschen fühlt sich das an wie der Kampf gegen diesen vielköpfigen Drachen.

Du brauchst Wissen und Geduld. Und allein kannst du die Welt sowieso nicht retten. Ohne ein Netzwerk wirst du verrückt.
Genau wie Martha ... äh, Bertha. Sie las unglaublich viel, schrieb sich die Finger wund, versuchte, Menschen zu überzeugen und zu verbinden. Sie gründete Vereine und letztendlich...
Am nächsten Tag
Guck mal, Semmy, das Krankenhaus vom Roten Kreuz. Oma sagt, dass wir beide dort geboren sind.
Ja? Kann mich nicht erinnern.
Warum hast du gestern wieder bei Lot gepennt?
Ich hatte keinen Bock auf Zoff mit Papa.
Wird der Fleischkonsum jemals aufhören?
Heutzutage sind wir viel vernetzter, also ja... mein Geschichtslehrer sagt...
Florence
Ja, ja...
Nein, wirklich. Er sagte, dass sich viele Dinge kurz nach der Erfindung des Buchdrucks verändert hätten, genau wie beim Internet. Und jetzt haben wir einen noch größeren Einflussbereich.

Stimmt! In Social Media sind viele Infos zu finden, viel zu viele Infos, aber niemand nutzt sie wirklich sinnvoll.
Ich habe euch schon kommen sehen.
Wir sind hier, um das Buch zurückzubringen.
Hast du es schon durch? Richtig gut geschrieben, oder? Das konnte diese Bertha!
Ich finde, sie war schon ein hölzerner Mensch.
Schau dir dieses Foto an!
Bertha war nicht merkwürdig! Sie nahm es mit der ganzen Welt auf!
Sie war übrigens nicht die Einzige. Es gab zum Beispiel auch noch Florence Nightingale.
Möchtet ihr etwas trinken?

Die kenne ich! "Die Lady mit der Lampe", nicht wahr?
In der Tat!
Sie sorgte dafür, dass den Menschen weitab der Front klar wurde, dass viele Soldaten wegen mangelnder medizinischer Versorgung starben.
Und vergesst Henry Dunant nicht. Er gründete das Rote Kreuz. Er schrieb auch ein Buch darüber, wie schrecklich es an der Front war. Dass verwundete Soldaten manchmal tagelang im Sterben lagen.
Und jetzt arbeitet Mama dort!
Sich verbünden und zusammen arbeiten, darauf kommt es an, Jazzy. Du solltest es auch mal mit Papa versuchen.
Bei Papa klappt das leider nicht. er wird gleich wütend.
Du musst ihm aber auch nicht jedes Mal den Kopf abhacken.
Ja, du bist doch nicht Karl der Große. Der machte die Sachsen immer einen Kopf kürzer, wenn sie sich nicht sofort zum Christentum bekehren ließen.
Pfff. Das hast du sicher wieder von deinem Lehrer?

Wie läuft es mit deinem Fotoauftrag?
Ich habe ein Date mit dem Auftraggeber und einige gute Ideen.
Hältst du mich auf dem Laufenden?
Na klar! Ich schreib' dir.
Später an diesem Nachmittag
Schön, dich wieder zu sehen, Jazzy. Wie steht es mit deinen Plänen?
Prima, ich habe eine gute Idee für das Fotoshooting. Ich frage mich nur, ob es irgendeine Form von Budget gibt.
Budget? Du brauchst Geld?
Ja, denn ich möchte ...
Tut mir leid, das wird nicht klappen. Vielleicht solltest du die Sache etwas weniger ehrgeizig angehen. Ich denke, du bist kreativ genug.
OMG Lot! Ich brauche deine Hilfe! Dringend!

Hey Daisy, was geht? Deine Schwester arbeitet doch im Kunstmuseum? Kann man die Klamotten dort auch leihen?
Hey Lot! Alles klar? Ich frage sie mal.
Am nächsten Tag
Das kriege ich niemals geregelt, Daisy. Diese Kleider sind super empfindlich.
MUSEUM
Mittlerweile im Hafen von Scheveningen
Also 60 Meter? Kein Problem, Carl! Wird gemacht.
Cool! Aber morgen früh, versprochen?

Nicht weit davon entfernt
Ich muss wohl auch meinen Nachbarn von gegenüber fragen, aber mir soll's Recht sein. Mein Restaurant kommt also auch auf's Foto?
Yes!
ILIAN RESTAURANT

Und nicht viel später auf einer Müllkippe
Sooo! Bist du dir sicher?
Du willst wirklich, dass wir das Altpapier anliefern statt es abzuholen?
Genau!

Anderswo in der Stadt
Ja, Sie wissen schon! Je mehr, desto besser. Geben Sie bitte alles, es ist für meine beste Freundin!
Keine Ahnung, ob es klappt, aber ich versuch's. Wie läuft es beim Familientreffen?
Sie wollen natürlich, dass ich Fotos mache.
Also, so ein Veggie-Burger schmeckt durchaus.
Sag mal, meine Nichte, schießt du jetzt einfach Schnappschüsse?
Schön, dass ich genau zum Familientreffen wieder zu Hause bin, nicht Jazzy?
Hey, liebe Mama!

Lass mich mal, Jazz.
Ja, aber ... Onkel Ben, ... pass auf!
Ich mache ein Gruppenfoto.
Aber zuerst muss man ....
Ja, ja. Stell dich zum Rest der Familie. Die Kleinen nach vorn.
Uuuuund Klick!
Also ...
Und? Hat es geklappt?
Onkel Ben hatte auf Video gedrückt.
Wird wohl ein lustiger Film!
Gott sei Dank habe ich die "Schnappschüsse" auch noch.

Der große Tag ist angebrochen
Fast verschlafen.
Im Kurhaus
Gähn! Wo bleibt unser Star des Tages?
Rodizio
Bin schon da!
Hey! Wir haben schon mal angefangen.
Rodizio BRAZILIAN RESTAURANT
Gut!

Warum mussten wir so früh antanzen?
Jetzt stören uns noch keine unerwünschten Zuschauer.
Nun, diese Zuschauerin ist auf jeden Fall früh dran.
Oma! Du bist gekommen! Super!
Da sind wir. Das sind Fred und Tim. Die beiden haben mir geholfen.
Noch nicht ausrollen. Zuerst die alten Zeitungen.
Guten Morgen! Wohin mit der Ladung Altpapier?

Dahin!

Piep,
piep,
piep...

Wofür ist das ganze Papier?
Das steht für all die Schriften, die Bertha von Suttner verfasst hat, Oma.
All die Briefe, Petitionen, Statuten, Protokolle und ihre Bücher. Alles Papier, Papier und noch mehr Papier.
Es wird kein Schnipsel liegen bleiben.
Und danach räumt ihr alles wieder auf?
Ok, Jungs. Jetzt sind wir an der Reihe.
Es ist halb sechs, Lot
Wann kommen deine Zwillinge?

Da sind bereits Nobel, Carnegie und Königin Wilhelmina!
Megacool! Es ist dir also doch gelungen!
Dank meiner Schauspielschule. Die sind immer bereit, sich zu verkleiden.
Und dies sind Friedrich von Tilling, Marthas Vater und ihre fromme Tante!
Angenehm, von Tilling mein Name. Wundervoll, dass Sie auch hier sind, schöne Dame.
Hihihi...
Bitte sei vorsichtig mit dem "von Tilling"-Kostüm. Das ist authentische Kleidung, und ich bin dafür verantwortlich.
Geht klar. Ich fühlte mich gerade nur so wohl in meiner Rolle.

Und wo ist Bertha?
Jazzy konnte sich nicht für eine der beiden entscheiden, deshalb wollte sie Bertha UND Martha auf dem Foto haben.
Und da sind die Damen! Gut, dass wir an der Schauspielschule Zwillinge haben.
Semmy! Würdest du das Stativ kurz halten?
Ihr müsst etwas näher beieinander stehen, Händchen halten und mich ansehen.
Oh ja, und eure Füße müssen auf dem Drachen stehen.
Prima!

Alle so stehenbleiben. Dann kann ich loslegen.
Aber, Kind, das Buch! Das muss doch auch aufs Foto!
Wem soll ich es geben? Bertha oder Martha...?
Oh, nein!
Hiiilfe!
PATS!

HER-VOR-RAGEND! Das ist ein so vielschichtiges Bild! So natürlich! Als ob die Charaktere wirklich vollkommen überrascht wären.
Ich bitte um Entschuldigung, Jazzy. Nie hätte ich gedacht, dass das realisierbar wäre. Wie hast du das nur geschafft?
äh, nun ja ...
Am Abend.
Vielen Dank, Semmy, dass du gerade noch rechtzeitig auf die „Video"-Taste gedrückt hast.
Ist schon gut!
Das ist also dein Dankeschön für stundenlanges Wühlen in den Papieren?
Jazzy ist jetzt ein Star! Ihr Foto ist überall in den Medien zu sehen.
Hahaha, weltberühmt in Den Haag!

Dank meiner Freunde!

Klick
klack,
klick
klack....

Schön, dass du bei uns zu Gast bist, Lot.
Heute Abend essen wir vegetarische Pasta.
Tsss... Sicher speziell für unsere Starfotografin.
Wir können durchaus weniger Fleisch essen. Das ist besser für das Klima.
Absolut nicht! Für den Sojaanbau roden sie den Amazonas!
Quatsch, das ist Soja für Viehfutter. Ich helfe gerade den Bäumen.
Ich liebe Bäume! Das ist etwas, für das wir gemeinsam kämpfen können, Jazz!
Bäume pflanzen anstelle von Streiten. Super Idee!
Ende

BERTHA VON SUTTNER

IHR LEBEN UND IHRE REISEN IN KÜRZE

Am **9. Juni 1843** wird Bertha Sophia Felicita Gräfin Kinsky von Wchinitz und Tettau in Prag geboren.

Nach dem Tod ihres Vaters ist der Graf von Fürstenberg Berthas Vormund. Sie wächst in Brünn (Brno) in Mähren auf. Obschon ihre Mutter „nur" eine Bürgerliche ist und Bertha sich allein ihres adeligen Vaters wegen Gräfin nennen darf, können sie sich erlauben zu reisen. Die Kontakte, die Bertha dabei knüpft, werden ihr in ihrem weiteren Leben gute Dienste leisten.

Später wohnen Bertha und ihre Mutter in Wien und reisen im Winter nach Paris, Rom und Venedig.

Im Sommer fahren sie zur Kur nach Wiesbaden und gehen dort ins Casino, erstmals im Jahre **1856**. Dort verspielt ihre Mutter viel Geld. Aus Geldmangel ziehen sie nach Klosterneuburg in der Nähe von Wien.

1864. Die Mutter will, dass Bertha Opernsängerin wird. Sie übt täglich viele Stunden und nimmt an Gesangswettbewerben in Baden-Baden (1864) und Paris (1867) teil.

1872. Die Gesangskarriere und mehrere (Fast)-Verlobungen verlaufen im Sande. Mit ihren 30 Jahren gilt sie zu jener Zeit als zu alt zum Heiraten. Sie möchte nicht länger von ihrer Mutter abhängig sein und sucht sich eine Arbeitsstelle als Gouvernante in der Familie des Freiherrn von Suttner in Wien. Im Sommer wohnt die Familie auf Schloss Harmannsdorf. Bertha und der Sohn des Hauses verlieben sich ineinander. Doch aufgrund des Unterschieds in Alter und sozialem Stand halten sie die Beziehung geheim.

1876. Die heimliche Verbindung zwischen Bertha und Arthur von Suttner wird von seinen Eltern entdeckt. Ihrer Meinung nach ist die sieben Jahre ältere und mittellose Bertha absolut keine passende Partie für den jungen Baron. Sie jagen sie aus dem Haus. Bertha reagiert auf die Anzeige eines reichen Mannes, der eine Sekretärin sucht. Dieser lädt sie ein, nach Paris zu kommen. Es stellt sich heraus, dass es sich um Alfred Nobel handelt. Bertha versteht sich gut mit ihm, kehrt aber dennoch nach einer Woche zu ihrem Arthur zurück.

Sie heiraten heimlich in Gumpoldskirchen, einem kleinen Dorf bei Wien. Verstoßen von der Familie haben sie weder Geld noch Unterkunft.

Während der Reisen in ihrer Jugend hatte sich Bertha mit Ekaterina Fürstin Tschawtschawadse angefreundet, die zwischenzeitlich den Fürsten von Mingrelia, David I. Dadiani geheiratet hat. Diese bietet dem jungen Paar eine Unterkunft in ihrem Sommerpalast in Zugdidi im heutigen Georgien an. Mit dem Dadiani-Palast als Ziel waren die beiden bereits **1867** per Schiff über die Donau und via Odessa über das Schwarze Meer gereist.

Im Winter ist Zugdidi zu kalt. In der Stadt Kutaisi arbeitet Bertha erneut als Gouvernante und gibt den Kindern reicher Familien Sprach- und Musikunterricht. Arthur versucht zunächst, eine Landwirtschaftskolonie zu gründen und sucht dann sein Glück in einer Holzfabrik.

Im Jahre **1882** wohnen sie in Tiflis (dem heutigen Tbilisi) im Haus der georgischen Prinzessin Tamara. Zwischenzeitlich haben Arthur und Bertha beide begonnen, unter Pseudonymen Serien, Reportagen und Romane zu schreiben.

1885 dürfen sie nach Österreich zurückkehren und bei der Familie von Suttner in Wien und Harmannsdorf wohnen. Bertha hat zu diesem Zeitpunkt bereits sieben Publikationen herausgebracht. Sie und Arthur werden zu einem Schriftstellerkongress nach Berlin eingeladen. Danach beginnt Bertha, den Roman „*Die Waffen nieder!*" zu schreiben. Dieses Buch wird 1889 herausgegeben.

1890 reisen Bertha und Arthur gemeinsam nach Venedig. Das Buch "*Die Waffen nieder!*" ist mittlerweile ein Bestseller.

1891 darf Bertha auf einer Friedenskonferenz in Rom sprechen. Die Kosten für die Reise trägt Alfred Nobel. Anschließend reist sie zur Gründung des Internationalen Friedensbüros weiter nach Bern.

Bertha und Arthur treffen Alfred Nobel 1892 zum dritten Mal. Gemeinsam unternehmen sie eine Schifffahrt auf dem Zürichsee.

1894 reist Bertha von Suttner zu einem Kongress der Interparlamentarischen Union nach Den Haag. Fünf Jahre später ist sie erneut in Den Haag, dieses Mal zur Ersten Haager Friedenskonferenz in **1899**. (Weitere Informationen finden sich auf den Seiten 74)

1902 verstirbt Arthur von Suttner, ihr Ehemann. Ein Jahr später ist Bertha anlässlich der Eröffnung des „Institut International de la Paix" in Monaco zu Gast bei Fürst Albert I.

Bertha unternimmt **1904** ihre erste Reise in die USA und reist nach Boston und nach Washington ins Weiße Haus, wo sie Präsident Theodore Roosevelt trifft.

1905 tritt sie in diversen deutschen Städten als Rednerin auf.

Als erste Frau darf Bertha **1906** den Friedensnobelpreis in Oslo in Empfang nehmen und hat Audienzen bei den Königen von Norwegen, Schweden und Dänemark.

1907 reist Bertha von Suttner zur Zweiten Haager Friedenskonferenz nach Den Haag. (Weitere Informationen finden sich auf den Seiten 75.)

1908 darf sie anlässlich eines internationalen Friedenskongresses zur Audienz bei König Edward VII.

1912 unternimmt Bertha eine zweite, monatelange Reise durch die USA, spricht in mehreren Städten und besucht Präsident Taft in Washington.

Im Jahre **1913** ist Bertha von Suttner bei der Eröffnung des Friedenspalasts in Den Haag anwesend. (Weitere Informationen auf Seite 76.)

Bertha stirbt in Wien am **21. Juni 1914** im Alter von 71 Jahren. Sie wird wie ihr Mann im deutschen Gotha eingeäschert (eine im katholischen Österreich umstrittene Praxis). Die Urne mit ihrer Asche steht dort im Kolumbarium.

Heute ist ihr Erbe unbestritten, aber vor allem in Österreich und Deutschland bekannt. Viele Straßen, Plätze und Schulen sind nach ihr benannt. An Gedenktagen erscheinen Briefmarken und andere Ehrungen.

In Den Haag begegnet man ihr vor allem in der kleinen Buchhandlung und der Multimedia-Präsentation des Besucherzentrums des Friedenspalastes, durch die Büste, die Ingrid Rollema 2013 von ihr angefertigt hat sowie im Namen eines kleinen Bürokomplexes in der Laan van Meerdervoort.

FÜNF KRIEGE IM ROMAN 'DIE WAFFEN NIEDER!'

In ihrem Roman *„Die Waffen nieder!"* widmet Bertha von Suttner der Abfolge von Kriegen, mit denen ihr Heimatland, die österreichisch-ungarische Doppelmonarchie, tatsächlich zu kämpfen hatte, große Aufmerksamkeit. Hier werden Geschichte und Fiktion bewusst miteinander verknüpft. Die Abfolge dieser Kriege und die Jahre dazwischen bestimmen die Kapiteleinteilung des Romans, wobei die „Friedenszeit" -Kapitel dazu dienen, die zugrunde liegenden Ursachen von Kriegen zu untersuchen. Es überrascht nicht, dass Militarismus und Nationalismus in diesen Analysen vor herrschen. Auch religiöse Dogmen, Vorstellungen von der angeblich demografischen „Nützlichkeit" von Kriegen und der diplomatische Unwille, Lösungen zu finden, werden hier kritisiert.

Fünf Kriege spielen in diesem Roman eine wichtige Rolle. In der Handlung wird die Intensität (oder eigentlich die körperliche Nähe und die Details in den Beschreibungen) Schritt für Schritt gesteigert: Den ersten Krieg kennt die Hauptperson Martha nur aus der Überlieferung Und im letzten wird sie von Gewalt umgeben und verliert sie ihren Lebensgefährten Friedrich.

Für die Darstellung dieser Kriege im Comic haben wir das Nationale Militärmuseum in Soesterberg und das Heeresgeschichtliche Museum/Militärhistorisches Institut in Wien konsultiert. Sie boten uns Orientierung im Dschungel der Informationen von Militärkarten, Schlachtfeldern, Regimentern, Feldlazaretten und Uniformen der österreichisch-ungarischen Armee, der Kaiserlichen und Königlichen Armee und aller militärischer Gegner.

Da wir eine leicht lesbare visuelle Zusammenfassung von Bertha von Suttners berühmtem Roman bieten und so einen Zugang zu ihren immer noch relevanten Ideen ermöglichen möchten, eignet sich der Cartoon selbst nicht für einen breiteren historischen Kontext. Deshalb informieren wir hier ausführlicher über die Kriege, die im Roman *„Die Waffen nieder!"* und daher auch in dieser Graphic Novel eine entscheidende Rolle spielen.

1848-1849: Der 1. Italienische Unabhängigkeitskrieg gegen das Königreich Sardinien-Piemont mit Custozza als Schauplatz der berühmtesten Schlacht. Der Krieg wurde von Österreich gewonnen. Martha kennt diesen Krieg aus den Heldengeschichten ihres Vaters. Er kämpfte als General unter Feldmarschall Josef Radetzky. Dieser Name lebt im Radetzky-Marsch weiter, den Johann Strauss 1848 komponierte und der noch immer an jedem Neujahrstag in Wien aufgeführt wird.

1859: Österreichisch-Italienischer Krieg, in dem Österreich-Ungarn gegen Frankreich und erneut gegen Piemont-Sardinien kämpft. „Der Husar" (Marthas erster Ehemann und im Originalbuch Arno Dotzky heißend) kämpft bei Solferino. Diese Schlacht ist immer noch berühmt durch das Buch *„Un souvénir de Solférino"* des Gründers des Roten Kreuzes, Henry Dunant.

Der Husar wird in der Schlacht bei Magenta getötet. Martha erfährt später durch Friedrich von Tilling genauere Einzelheiten darüber. Sie liest auch Dunants Buch, in dem er feststellt, dass Gräueltaten in Kriegen nicht als normal angesehen werden sollten.

1864: Deutsch-Dänischer Krieg, auch bekannt als Schleswiger Aufstand oder Zweiter Preußisch-Dänischer Krieg. Gegen den Willen Dänemarks wollten deutsche Nationalisten die Herzogtümer Schleswig und Holstein zusammenlegen. Sie wurden dabei von Preußen unterstützt, und auch Österreich kam ihnen zu Hilfe. Die Dänen zogen den Kürzeren. Erst 1921 wurde Schleswig wieder dänisch.

Im Roman ist dies das erste Mal, dass Friedrich von Tilling nach seiner Heirat mit Martha in den Krieg ziehen muss. Im ursprünglichen Roman wird ausführlich beschrieben, wie Martha sich mit den historischen Wurzeln des Konflikts befasst und dass sie von den Ansprüchen des Deutschen Bundes wenig beeindruckt ist. Ihre Kritik an der Rechtfertigung von Kriegen im Allgemeinen wird dabei ausführlich dargelegt. Als Friedrich von der Front zurückkehrt und ihr von der Brutalität des Kriegsschauplatzes erzählt, wird sie wütend und entscheidet sich endgültig für eine antimilitaristische Haltung.

1866: Im Deutsch-Österreichischen Krieg ging es darum, wer innerhalb des Deutschen Bundes das letzte Wort hat: Preußen oder Österreich. Dadurch kommt es zu einer Konfrontation dieser deutschsprachigen Länder, weshalb man vom „Bruderkrieg" spricht.

Der Roman widmet sich diesem Konflikt, als Friedrich (der ursprünglich aus Hannover stammt, aber in der österreichischen Armee dient) gegen seinen Cousin kämpfen muss.

Die österreichische Armee erleidet schwere Niederlagen. Eine der blutigsten Schlachten bei Königgrätz (heute Sadowa in der Tschechischen Republik) wurde in vielen Gemälden verewigt.

Im Roman reist Martha im Versuch, einen Beitrag zur medizinischen Hilfe zu leisten, hinter Friedrich her. Das Rote Kreuz hatte keinen Zugang zu diesem Konflikt. Es war der Verein für Vaterländische Hilfe (gegründet von Carl von Suttner, dem Schwiegervater der Schriftstellerin), der versuchte, das Leid der verwundeten Soldaten zu lindern.

Die Krankenschwester Marie Simon, die Martha im Roman auf ihrer Bahnreise an die Front begleitet, existierte tatsächlich. Hier sehen wir, dass Bertha von Suttner ihre Hommage an diese tapfere Frau mit immer eindringlicheren Beschreibungen dessen verbindet, was Soldaten auf dem Schlachtfeld und insbesondere danach ertragen müssen.

Auf diesen Krieg folgte eine Cholera-Epidemie, die in ganz Europa und sogar in den Vereinigten Staaten Todesopfer forderte.

1870-1871: Deutsch-Französischer Krieg: Deutsche Gebiete wollen sich zu einem Staat vereinen. Frankreich stellt sich quer und wird als „gemeinsamer Feind" durch die schnelle Eroberung Belgiens und Nordfrankreichs überrumpelt. Auch eine spanische Thronfolge und der drohende Kauf Luxemburgs spielen in diesem Konflikt eine Rolle. Der französische Kaiser Napoleon III. kapituliert vor dem preußischen General Bismarck. Nach einer verheerenden Belagerung von Paris besiegeln die deutschen Gebiete im Spiegelsaal des Schlosses von Versailles ihre Vereinigung. Anschließend besetzen sie auch Elsass-Lothringen. Dies löst bei den Franzosen enorme Ressentiments aus, die zu einem der Auslöser des Ersten Weltkriegs werden sollen. Die Dynamik dieses Krieges bestimmt auch die hehren Erwartungen, die viele Europäer zu Beginn des Ersten Weltkriegs hegen, dies später als Illusion eines *„kurzen Krieges"* genannt wird.

Da sich Friedrich von Tilling inzwischen aus dem Soldatenleben verabschieden konnte, kämpft er nicht in diesem Krieg mit. Doch gerade weil er und Martha sich in Paris niedergelassen haben, um für friedliche Konfliktlösungen einzutreten, sitzen sie nun in der von den Deutschen belagerten Stadt fest. Im Originalroman sind es die deutschsprachigen Briefe besorgter Familienangehöriger, die zum Spionagevorwurf und zur Exekution Friedrichs führen.

1914-1918: Der Erste Weltkrieg kommt im Roman *"Die Waffen nieder!"* natürlich nicht vor. (Veröffentlichung 1889), aber er wirft dennoch seinen Schatten voraus: Als Bertha von Suttner am 21. Juni 1914 stirbt, herrschen bereits enorme Spannungen zwischen den europäischen Mächten. Am 28. Juni 1914 erschießt Gavrillo Princip Sophie von Hohenberg und Franz Ferdinand in Sarajevo. Dies wird allgemein als „Startschuss" für den Ersten Weltkrieg gesehen. Einen Monat später erklärt Österreich-Ungarn Serbien den Krieg, woraufhin sich viele andere europäische Länder gezwungen sehen, diesem Beispiel zu folgen.

DIE WAFFEN NIEDER!

In den Kreisen, in die Bertha von Suttner 1843 hineingeboren wird, sind die Standesunterschiede von entscheidender Bedeutung, und das gilt auch für ihr Leben. Bertha ist zwar die Tochter eines Generals, doch dieser stirbt 75-jährig bereits vor Berthas Geburt . Seine Witwe, schon Mutter eines Sohnes und „nur" eine einfache Bürgerin, ist zu diesem Zeitpunkt erst 25 Jahre alt. Sie wird von der Familie des Generals, dem böhmischen Adelsgeschlecht Kinsky von Wchinitz und Tettau, nicht mehr geduldet. Mutter und Tochter müssen bei Berthas Vormund Unterschlupf suchen. Für Bertha von Suttner ist ihr Vater vor allem als Abwesender bedeutsam. Wie anders ist das bei Martha, der Hauptfigur im Roman *„Die Waffen nieder!"* Martha liegt ständig im Clinch mit ihrem Vater, und Diskussionen mit diesem General über Krieg und Frieden enden meist in Frustration und Unverständnis.

Dass Bertha als Generalstochter diesen pazifistischen Roman schreiben konnte, ist außergewöhnlich und hat auch mit diesen Standesunterschieden zu tun: Die Tatsache, dass Bertha wegen ihrer bürgerlichen Mutter Schwierigkeiten hat, einen Mann zu finden, macht es andererseits möglich, dass sie später den wesentlich jüngeren Arthur von Suttner in ihr Herz schließen kann. Und die Tatsache, dass auch seine Eltern sie als „nicht passend" ansehen, führt dazu, dass das heimlich verheiratete Paar in den Kaukasus reist, um dort neun Jahre lang im „Exil" zu leben. Dort bekommen sie eine Reihe von Lebenslektionen, die sie in den elitären Kreisen in Wien wahrscheinlich nie erlebt hätten. Mehrmals haben sie Schwierigkeiten, finanziell über die Runden zu kommen und müssen hart für ihren Lebensunterhalt arbeiten. Als Exilanten sind sie nicht unmittelbar in den Krieg verwickelt, doch sie werden Zeuge der Auswirkungen eines Krieges, der 1877–1878 in ihrer Nähe stattfindet, und zwar einer der vielen Episoden im türkisch-russischen Krieg, damals ein Kampf um die Kontrolle über die Türkei westlich des heutigen Georgiens und Nordostanatoliens.

Diese beiden Faktoren bewirken, dass Bertha von Suttner – als sie 1885 nach Österreich zurückkehrt – den Antrieb, das Selbstvertrauen und die Fähigkeiten besitzt, den Roman *„Die Waffen nieder!"* zu schreiben. Die Kriege, die sie im Roman beschreibt, liegen zwar zu diesem Zeitpunkt bereits in der Vergangenheit (1848, 1859, 1864, 1866, 1870–1871), dennoch lässt sie ihre Leser in deren Konsequenzen eintauchen, denn ihr Alter Ego Martha wird täglich mit Zweifeln, Dilemmata und Problemen hinsichtlich der Legitimation dieser Kriege konfrontiert. Dies macht den Roman so kontrovers, dass sich zunächst kein Verleger an eine Veröffentlichung heran traut. Bertha von Suttner wird geraten, Inhalt und Titel zu ändern, doch sie weigert sich: „Dann werfe ich ihn lieber in den Ofen."

Letztlich ist es Edgar Pierson in Dresden, der den Roman 1889 veröffentlicht und fast sofort belohnt wird: Der Roman wird ein Bestseller und wird ins Englische, Schwedische, Niederländische und Russische übersetzt. In Großbritannien bekommt er den Titel *„Lay Down Your Arms!"* und in den Vereinigten Staaten *„Ground Arms"*. Nach mehreren Nachdrucken wird der Roman 1914 erneut aufgelegt, nun unter Titeln wie *„Great Anti War Novel"* oder *„Disarm, Disarm"*. Die erste niederländische Übersetzung erscheint 1891 mit dem Titel *„De wapens neergelegd!"* Bis 1925 folgten nicht weniger als 25 Nachdrucke. Danach ist diese Übersetzung jahrelang ausverkauft, bis Orlando Publishers 2019 eine neue Übersetzung unter dem Titel *„De wapens neer!"* herausbringt.

Dieser Roman und sein Erfolg müssen im Kontext des 19. Jahrhunderts gesehen werden, in dem sozial engagierte Schriftsteller einen enormen Einfluss hatten, vielleicht vergleichbar mit heutigen Dokumentarfilmen auf Netflix oder Influencern in sozialen Medien. Romane zu lesen ist im 19. Jahrhundert etwas, das junge Leute gerne tun! Sie fühlen mit Oliver Twist bei den Schrecken, die er ertragen muss, und schwärmen von Jane Eyre. Indem sie von sozialen Missständen wie Sklaverei, Ausbeutung, Armut, Kinderarbeit und miserablen Bedingungen in Slums lesen, werden sie nicht nur informiert, sondern auch angeregt, Empathie zu zeigen und gesellschaftliche Veränderungen anzustoßen. In das gleiche Genre wie *„Les Misérable"* von Victor Hugo und *„Onkel Toms Hütte"* von Harriet Beecher Stowe müssen wir auch „Max Havelaar" von Multatuli (bzw. Eduard Douwes Dekker) einordnen: Eine Anklage gegen den Kolonialismus mit enormer Wirkung bei Lesern und Politikern.

Um einen guten Eindruck von der außergewöhnlichen sozialen und politischen Wirkung zu bekommen, die Bertha von Suttners Roman hatte, empfehlen wir die Biografien von Brigitte Hamann (auf Deutsch, 2015) und Greta Noordenbos (auf Niederländisch, 2023). Diese eröffnen auch den Zugang zur idealistischen Seite des 19. Jahrhunderts, zum Fortschrittsglauben, der auch Berthas Idealen Flügel verleiht, aber ihr auch Sorgen über Tierleid, grassierenden Antisemitismus, die Klassengesellschaft und mangelnde Teilhabe von Frauen beschert. Die vielen Kontakte, die sie durch ihr Engagement knüpft, und ihre zahlreichen Veröffentlichungen werden in diesen beiden Biografien hervorragend dargestellt. *De Droom van Den Haag* (auf Niederländisch, 2024) von Benjamin Duerr beschreibt auch den globalen Einfluss, den der Mut und der Unternehmergeist von Personen wie Bertha von Suttner auf die Entwicklung des Völkerrechts hatten. Greta Noordenbos widmet der Beziehung zwischen Bertha von Suttner und Alfred Nobel besondere Aufmerksamkeit und zeigt, wie diese zur Gründung des Friedensnobelpreises führte.

In der vorliegenden Graphic Novel wird ein Buch von ca. 400 Seiten in 100 Bildern zusammengefasst. Dabei müssen fundierte Entscheidungen getroffen werden. Beispielsweise kommt Sylvia, die Tochter, die Martha und Friedrich in Paris bekommen, im Comic nicht vor. Bertha von Suttner selbst gibt ihr jedoch eine wichtige Rolle im Fortsetzungsroman *„Marthas Kinder"*. Auch der Tod des Generals wird vereinfacht: Im Originalroman erleidet er einen Herzinfarkt, nachdem Marthas jüngere Schwestern und sein Sohn an Cholera versterben. Er stirbt mit einem Fluch gegen den Krieg auf den Lippen.

Etwas, das in der Graphic Novel mehr Beachtung findet, ist die Metapher Hydra von Lerna aus der griechischen Mythologie. Im Originalbuch listet Martha die sechs Dogmen auf, mit denen ihr Vater die Kriegsführung rechtfertigt. Und dann seufzt sie, dass streiten mit ihm wie der Kampf gegen einen vielköpfigen Drachen sei: Wenn sie mit viel Mühe eines seiner Dogmen widerlegt hat, fällt ihm gleich das nächste ein. Es ist, als würde man einem Drachen den Kopf abschlagen und zwei Köpfe wachsen nach. In der Graphic Novel kämpfen Jazzy und Orlando im Spiel „Deep Down" gegen einen solchen Drachen.

Der 'Drache', den Jazzy beekämpft ist natürlich die Reaktion ihres Vaters und ihrer Freunde auf ihre Entscheidung, kein Fleisch mehr zu essen. Sie will nicht mitschuldig sein an der Grausamkeit der Lebensmittelindustrie. Sie merkt, dass sie damit Widerstand provoziert, weiß aber anfänglich nicht gut damit umzugehen. Zielt diese Graphic Novel also darauf ab, alle Leser davon zu überzeugen, Vegetarier zu werden? Keineswegs! Diese Wahl ergibt sich hauptsächlich aus der Suche nach einem Ideal, das im „Kontrollbereich" eines durchschnittlichen Teenagers liegt. Denn wenn man als junger Mensch in unserer Gesellschaft etwas Positives bewirken möchte, scheint es, als habe man einen eng begrenzten Aktionsradius. Man kann alles Mögliche unternehmen, man kann sich informieren, vernetzen, protestieren, erzielt häufig aber wenig oder nicht die gewünschte Wirkung. Wir haben uns deshalb für etwas entschieden, das jeder selbst in der Hand hat und das eine unmittelbare Veränderung im eigenen Leben bewirkt. Alternative Themen wären zum Beispiel weniger Konsum, der Kauf von Second-Hand-Kleidung oder das Streben nach Inklusion der LGBTQIA+-Community gewesen.

Natürlich wurden viele Passagen aus dem Roman aus dem 19. Jahrhundert weggelassen, um die Graphic Novel möglichst zugänglich zu halten. Eine sehr lesenswerte Szene im Originalbuch ist die Diskussion, die Martha und Friedrich mit einem Priester führen. Es fällt diesem schwer, Martha als Gesprächspartnerin zu akzeptieren. Er redet über ihren Kopf hinweg mit Friedrich über die Notwendigkeit von Kriegen und wie dies mit Bibeltexten begründet wird. Die religiöse Dogmatik und die herablassende Bevormundung, die Bertha von Suttner mit dieser Figur darstellt, bilden in ihren Augen zwei der Hauptgründe dafür, dass weiterhin immer wieder zu den Waffen gegriffen wird. Wie die Friedensbewegung des 19. Jahrhunderts mehr und mehr eine Antwort darauf findet, wird in *„Die Waffen nieder!"* fantastisch dargestellt.

BERTHA VON SUTTNER
IN DEN HAAG

1894

Bertha von Suttner sitzt auf diesem Foto auf einem Stuhl vor dem Rittersaal. Sie ist von den anderen Delegationsmitgliedern des „Weltkongresses für den Frieden“ umgeben, während im Hintergrund weitere Menschen nach draußen strömen. Sie scheinen zu einem offiziellen Fototermin zu wollen, doch das Foto wurde bereits aufgenommen. Neben ihrem Gesicht ist „Nummer 1“ zu sehen. Da sie gerade nach unten schaut, erkennen wir Bertha von Suttner eher an der stilvollen Kleidung als an ihrem Gesicht. Sie ist zum ersten Mal in den Niederlanden.

Die niederländische Regierung lädt Bertha von Suttner, seit drei Jahren Vorsitzende des Österreichischen Friedensbundes, zur Konferenz der Interparlamentarischen Union (IPU) ein. Diese internationale Organisation feiert in jenem Jahr ihr erstes 5-Jahres-Jubiläum, denn sie wurde 1889 zur Stärkung der Position der Parlamentarier gegründet.

Eine Zielsetzung besteht auch darin, ein Gegengewicht zu den traditionell militärisch ausgebildeten Regierungsführern mit ihrer oft reflexhaften Kriegsbereitschaft zu schaffen. Zudem fordert die IPU die Regierungen auf, einen Völkerbund zu gründen, die Vorläuferorganisation der Vereinten Nationen. Die IPU existiert immer noch, auch Vertreter aus dem Deutschen Bundestag sind Mitglieder der IPU. Mittlerweile sind Parlamente von 180 Ländern der IPU angeschlossen.

Die Gründer der IPU, William Randal Cremer und Frédéric Passy, befürworten wie Bertha von Suttner eine internationale Schiedsgerichtsbarkeit. Ein großer Teil der Konferenz wird daher damit verbracht, mögliche Einwände, Konsequenzen und Bedingungen zu diskutieren. Einige Delegationsmitglieder befürchten, dass ihre Vorschläge nicht ernst genommen werden. Passy sagt dann immer, dass ihre Gegner sie gern als lächerliche Utopisten darstellen, schwere Konflikte aber dennoch ohne Blutvergießen gelöst wurden. Diese Vorgespräche waren von enormem Wert, als im Jahr 1899 tatsächlich beschlossen wurde, den Ständigen Schiedsgerichtshof einzurichten.

Da wir Bertha von Suttners Unterschrift im Gästebuch finden, wissen wir, dass sie 1894 im damals noch relativ neuen Kurhaus in Scheveningen übernachtete. Der Name des dreitägigen „Weltkongresses“ ist vielleicht etwas zu viel der Ehre, aber 15 Länder nehmen immerhin daran teil: Deutschland, Österreich, Belgien, Dänemark, Spanien, Frankreich, Großbritannien, Ungarn, Italien, Norwegen, Portugal, Rumänien, Schweden, die Schweiz und die Niederlande. Obschon das Foto etliche Damen zeigt, sind im Konferenzbericht nur die Worte der männlichen Delegationsmitglieder enthalten. Bertha von Suttner stellt selbst fest, dass sie ihren Einfluss vor allem bei Empfängen, Abendessen, Spaziergängen, Vorträgen und Teebesuchen geltend machen kann – eine Möglichkeit, die sie in den folgenden Jahren häufig anwenden wird, auch als sie erneut Den Haag besucht. Das Kurhaus bildet oft die Kulisse für ihre Lobbyarbeit.

1899

Es ist schon viel über die Erste Haager Friedenskonferenz geschrieben worden. Ziel ist die Abrüstung, die Ausweitung der Genfer Konventionen auf den Seekrieg und die Verhinderung bewaffneter Konflikte durch Schiedsverfahren. Neben europäischen Ländern sind mittlerweile auch die USA, Mexiko, China, Japan und Siam (Thailand) vertreten. Es ist der russische Zar Nikolaus II., der die Initiative ergreift, und die blutjunge niederländische Königin Wilhelmina fungiert als Gastgeberin. Ist hier der Einfluss von Bertha von Suttner wichtig? Einige Quellen geben an, dass der Zar nach dem Lesen von *„Die Waffen nieder!"* sowie Ivan Blochs *"Die Zukunft des Krieges"* (1898) aktiv wurde. Beide Bücher schildern die Grauen des Krieges und wie diese in Zukunft nur noch zunehmen werden. Ein Telegramm des russischen Außenministers vom Oktober 1898 an Bertha von Suttner mit der Bitte, gemeinsam über eine Konferenz nachzudenken, deutet jedenfalls darauf hin, dass der Zar sie in Sachen Frieden nicht ignorieren kann. Doch ihr Land wie auch die anderen teilnehmenden Länder werden durch die Delegationsmitglieder vertreten: Staatsmänner. Egal wie einflussreich Bertha ist, Frauen können immer noch nur von der Seitenlinie aus zuschauen.

Während dieser Konferenz führt Bertha von Suttner ein Tagebuch, das ein Jahr später veröffentlicht und auch ins Niederländische übersetzt wird. Darin schildert sie die vielen Begegnungen mit Schriftstellern, Journalisten, Regierungschefs, Künstlern und prominenten Pazifisten. Sie lädt sie in ihren Salon ein, zunächst nicht im Kurhaus, sondern in einer Suite des Grand Hotel Central am Langen Poten. Ein bemerkenswertes Detail: Ganz in der Nähe befindet sich das Verteidigungsministerium, damals noch Kriegsministerium genannt.

Bertha von Suttner wird die am häufigsten interviewte Person der Konferenz, wodurch Zeitungsleser aus aller Welt ihre Ansichten kennenlernen. Da sie als Frau auf den gesellschaftlichen Rahmen rund um die eigentlichen Verhandlungen beschränkt ist, freut sie sich über die Einladung zur Eröffnungsfeier bei der 18-jährigen Königin Wilhelmina. Obschon die beiden einzigen Frauen bei diesem Hoffest nicht weit über den

Austausch von Höflichkeiten hinauskommen, sieht Bertha von Suttner diese Ehrung dennoch als Belohnung für die vielen Jahre, in denen sie für den Frieden gekämpft hat.

Nach wochenlanger Lobbyarbeit ist sie vom Verlauf und Ergebnis dieser Konferenz nicht wirklich begeistert, insbesondere im Hinblick auf Entwaffnung. In ihren Augen ist es merkwürdig, dass ausgerechnet die mächtigsten „Kriegsherren der Welt" zusammenkommen, um über Frieden zu verhandeln. Darüber hinaus verdächtigt sie bestimmte Länder, gezielt Blockaden zu errichten und den Frieden überhaupt nicht näher bringen zu wollen. Sie schreibt: „Kalt, kalt sind alle Herzen. Kalt wie die eisige Luft, die durch die klirrenden Fenster hereinweht. Ich erschaudere."

Das Tagebuch, ausgegeben in 1900.

Bertha von Suttner kurz vor einem ihrer Vorträge im „Cercle International" an der Prinsessegracht.

1907

Acht Jahre später findet in Den Haag eine zweite Friedenskonferenz statt. Bertha von Suttner reist erneut in die Hauptstadt. Inzwischen ist ihr Stern in pazifistischen Kreisen noch weiter gestiegen: 1905 wurde ihr der Friedensnobelpreis verliehen. Wieder ist sie fest entschlossen, ihren Einfluss bei dieser Konferenz bis an den Verhandlungstisch auszudehnen und findet in William T. Stead einen Verbündeten. Dieser amerikanische Journalist gründet für die Dauer der Konferenz ein Nachrichtenmagazin: Zwischen dem 15. Juni und dem 20. Oktober erscheinen 109 Ausgaben des *„Courrier de la Conférence de la Paix"*. Ziel ist es, durch Journalismus sicherzustellen, dass sich die Delegationsmitglieder nicht hinter verschlossenen Türen verstecken können, sondern für ihre Friedensbemühungen – oder deren Ausbleiben – Rechenschaft ablegen müssen.

Es gibt auch Kritik an den Friedenskonferenzen, denn auch weiterhin kommt es immer wieder zu Kriegsausbrüchen, die von den Pazifisten offenbar nicht verhindert werden können. Dass an vielen Orten auf Erden Frieden herrscht und dieser wiederum von den Kriegstreibern nicht „verhindert" werden kann, ist merkwürdigerweise für die öffentliche Meinung kein Grund, sie für ineffizient oder naiv zu halten.

Und wieder einmal läuft das gesellschaftliche Leben in Den Haag auf Hochtouren. Es ist üblich, mit Kutschen zu den Nobelhotels zu fahren und Visitenkarten abzugeben, in der Hoffnung auf eine Einladung. Um dies zu erleichtern, veröffentlicht Stead einen Führer, der genau angibt, wo sich die Delegationsmitglieder und ihre Damen aufhalten. Der Titel dieser Broschüre ist vielsagend und soll sie zu verantwortungsvollen Entscheidungen ermutigen: *„Das Parlament der Menschheit"*.

Einladungen zu Abendessen und Konzerten sind somit von größter Wichtigkeit. Im Haager Stadtarchiv befindet sich ein Brief von Frau Waszklewicz-Van Schilgaarde, in dem die Schriftstellerin darauf drängt, Bertha von Suttner zu einem Konzert einzuladen. Ihre Bemühungen sind unnötig, denn Bertha von Suttner steht bereits auf der Gästeliste. Auch die junge Therese Boon-Clemens aus Den Haag sieht in den Wandelgängen ihre Chance zu einem positiven Wandel. Sie bittet Bertha von Suttner um ein Autogramm. Sobald diese Unterschrift auf dem Papier steht, wollen sich auch viele andere Honoratioren in Thereses Buch eintragen. So kreiert sie eine Hommage, mit der sie auf die Friedensbemühungen des schwedischen Königs Oscar II. aufmerksam macht. Wider Erwarten hatte er Norwegen nicht den Krieg erklärt, als dieses sich 1905 von Schweden abspalten wollte.

Aber Bertha von Suttners Beiträge sind ernster. Sie hält mindestens zehn Vorträge. Das Publikum lässt sich dabei gerne fotografieren. Zusammen mit dem bereits erwähnten Frédéric Passy und ihrem festen Mitarbeiter Alfred Hermann Fried trägt Bertha von Suttner als Redaktionsmitglied zu den täglichen Veröffentlichungen von William T. Steads Courrier bei.

Kutschen bringen die Delegationsmitglieder zum Ridderzaal (Rittersaal) zur Eröffnung der Zweiten Friedenskonferenz im Jahre 1907.

1913

Während der Zweiten Haager Friedenskonferenz wurde 1907 der Grundstein für den Friedenspalast gelegt, ein Ereignis, bei dem Bertha von Suttner selbstverständlich anwesend war. Zur Eröffnung des Gebäudes war sie als Ehrengast geladen, genau wie derjenige, der den Bau des Gebäudes finanziert hatte: Andrew Carnegie. Ein Foto zeigt Bertha von Suttner im ersten Stock des Friedenspalastes in der Mitte und umgeben von Anhängern. Könnten ihre Gedanken dabei zu dem allerersten Moment zurückgekehrt sein, als sie beschloss, ihr Buch gegen den Krieg zu schreiben? Oder gar zu dem Moment, als sie das Leid der Soldaten im türkisch-russischen Krieg im Kaukasus sah? Ein Moment, in dem sie glaubte, mit ihrem Plädoyer für den Frieden völlig allein zu sein?

Bertha von Suttners Besuch in den Niederlanden im Jahr 1913 gab der bekannten Feministin Aletta Jacobs die Gelegenheit, sie nach Amsterdam einzuladen. Sie hielt dort eine Rede vor dem Verein für das Frauenwahlrecht *„Vereeniging voor Vrouwenkiesrecht"*. Damit wurde eine alte Fehde beigelegt: Die Damen hatten sich bereits 1899 zweimal getroffen und miteinander korrespondiert. Auf diese Weise schärften sie das Denken der jeweils anderen, konnten sich aber nicht darauf einigen, was Priorität hatte: Das Frauenwahlrecht oder die Friedensarbeit. Aletta Jacobs argumentierte, dass Kriege verhindert würden, sobald Frauen politischen Einfluss erlangen würden.

Bertha von Suttner bezweifelt das. Sie glaubt nicht, dass Frauen von Natur aus friedfertiger sind als Männer. Solange Väter und Mütter ihre Kinder als Soldaten an die Front schicken, würde auch das Frauenwahlrecht keine Änderung bewirken. Die Idee, dass Frauen für den Frieden sorgen sollen, findet sie bevormundend. Darüber hinaus ist sie der Meinung, dass sowohl das Frauenwahlrecht wie auch die Friedensarbeit beide so wichtig, aber auch so schwer zu erkämpfen seien, dass es eine Lebensaufgabe sei und man sich nicht einfach „nebenbei" mit dem anderen Thema beschäftigen könne.

Anlässlich einer IPU-Konferenz in Norwegen im Jahr 1899 übernachten beide Frauen im selben Hotel. Die Konferenz steht im Zeichen von Friedensbemühungen, doch während eines Abendessens macht Aletta Jacobs in einer Dankesrede auf das Frauenwahlrecht aufmerksam. Später schrieb sie in ihrer Autobiographie über Bertha von Suttners Reaktion: „In ihren Augen war ich aus der Rolle gefallen" und „zog ich mir den Zorn der Frau von Suttner zu". Vierzehn Jahre später gießt Bertha von Suttner in Amsterdam Wasser zum Wein. Aletta Jacobs schreibt: „Diejenigen, die damals zu ihren Zuhörern gehörten, werden sich zweifellos an ihr brillantes Plädoyer für die politische Emanzipation der Frau erinnern."

Die Tatsache, dass es jetzt einen Friedenspalast gibt, ist für die Stadt Den Haag Grund genug, alles zu tun, was wir heute Stadtmarketing nennen würden. Boots- und Zugfahrten werden empfohlen, um das Wunderwerk mit eigenen Augen zu sehen. Rund um den Friedenspalast haben sich viele Organisationen niedergelassen, die auf ihre Weise zum Weltfrieden beitragen wollen wie z.B. das Esperanto-Institut in der Riouwstraat oder die Rosenkreuzer in der Bazarstraat. Heutzutage denken wir eher an große internationale Institutionen wie die OPCW und den Internationalen Strafgerichtshof, die die chemische Kriegsführung und die Straflosigkeit von Kriegsverbrechern bekämpfen. Aber das ist genau Bertha von Suttners Idee: Wenn man etwas anfängt – und sei es nur im Kleinen – können sich daraus einflussreiche und Hoffnung gebende Initiativen entwickeln.

Mit einigem Pathos schrieb Bertha von Suttner über Den Haag: „Leb wohl, du liebliche Stadt der Parks und Gärten! Möge dieser Ort, an dem das erste internationale Schiedsgericht gegründet wurde, ein Wallfahrtsort für zukünftige Generationen werden."

GRÜSSE AUS DEN HAAG

In Den Haag gibt es viele symbolträchtige Orte, die nicht nur bei den Einwohnern Den Haags beliebt sind, sondern auch überregionale Bekanntheit genießen: So sind die Gegend um den Hofvijver mit dem Vijverberg, der Turm des Premierministers und der Ridderzaal als Zentrum unserer Verwaltung natürlich oft in den Medien zu sehen. Diese kommen in unserer Grapic Novel nicht vor, wohl aber in diesem historischen Abschnitt, denn Bertha von Suttner hinterließ hier vielfältige Fußspuren.

DAS MALIEVELD (S. 4)

Während das Malieveld in den übrigen Niederlanden vor allem als Ort für Protestkundgebungen bekannt ist, ist es für die Einwohner Den Haags auch ein Ort des geselligen Beisammenseins. Viele Menschen radeln auf dem Weg entlang des Rehgeheges zur Arbeit. Auf dem Feld selbst sind die Haager Kirmes, die Tong-Tong-Messe, der Veteranentag und Open-Air-Konzerte wichtige Momente im Jahr. Sich mit Freunden am Skatespot zu treffen oder im Pavillon Pfannkuchen zu essen, ist eine beliebte Art, gutes Wetter zu genießen.

HAAGER HARRY (S. 6)

An der Kreuzung von Grote Markt und Grote Marktstraat steht das Standbild des *„Haager Harry"*. Aus glasierter Keramik gefertigt, blitzen Ihnen der dicke Bauch und das Hemd mit den symbolträchtigen Sprüchen „Kap nâh!!" und „Lekkah Belangrèk" entgegen. Marnix Rueb ist der Vater dieser äußerst beliebten Comicfigur, die im Haager Dialekt die in der Hauptstadt übliche Großtuerei auf's Korn nimmt. Der Grote Markt ist für viele Einwohner von Den Haag wie ein Wohnzimmer: Unter den Sonnenschirmen und umgeben von Cafés ist er der Ort, an dem man einen geselligen Abend beginnt oder ausklingen lässt.

KUNSTAKADEMIE UND KRAAI (S. 9)

An der Koningskade befindet sich die von Henk Rijzinga geschaffene Gerry de Kraai-Statue. Jazzy und ihre Freunde sitzen auf einer Bank in der Nähe und unterhalten sich. Den Hintergrund bildet die Kunstakademie an der Prinsessegracht. Die Haager Kunstschule war dort zunächst in einem Gebäude untergebracht, dessen Fassade einem griechischen Tempel ähnelt. Seit 1937 befindet sich die Königliche Akademie der Bildenden Künste (KABK) in den modernistischen Gebäuden von Plantenga, Buijs und Lürsen. Als Institution blickt die Akademie auf eine lange Geschichte zurück, die mit der Lukasgilde im 16. Jahrhundert begann. In der Blütezeit der impressionistischen Haager Schule des 19. Jahrhunderts studierten Breitner, die Maris-Brüder und Bosboom an der Akademie, doch die Kurse wurden von Künstlern aus Den Haag oft als zu konservativ kritisiert. Heutzutage gibt es Vorkurse, Bachelor- und Masterstudiengänge in verschiedenen künstlerischen Fachrichtungen, darunter auch Fotografie. Jazzy absolviert ihre Ausbildung an dieser Akademie.

DER HAAGER HAUPTBAHNHOF (S. 16)

Für Besucher Den Haags ist es verwirrend, dass die Stadt zwei große Bahnhöfe hat. Holland Spoor atmet mit seinem hohen gewölbten Dach und einem königlichen Warteraum noch immer die Grandeur des 19. Jahrhunderts. Den Haag Centraal, der Haager Hauptbahnhof ist mit seinen zwölf Gleisen der größte Kopfbahnhof der Niederlande und liegt näher an der Altstadt. Nach einem 2010 begonnenen Umbau verbirgt sich hinter dem riesigen Bürogebäude aus dem Jahr 1973 nun ein belebter und transparent wirkender Knotenpunkt mit einer 22 Meter hohen Überdachung, wo Straßenbahnen, Busse, Züge und die RandstadRail zusammenkommen. Täglich werden hier rund 250.000 Reisende abfertigt.

Gerry de Kraai-Statue

Haager Harry

Das Malieveld

JOHAN MAASBACH WORLD MISSION UND THE BLESSING (S. 17)

Zusammen mit dem charakteristischen alten Kino „Capitol“ ist die Johan Maasbach Weltmission im ehemaligen Kaufhaus Lijnkamp an der Loosduinsekade seit den 1960er Jahren ein unverzichtbares Zentrum der religiösen Pfingstbewegung. Die umliegenden Viertel, die an den Haager Bach, den Haager Markt und den Zuiderpark grenzen, wurden um 1900 zur Unterbringung der vielen Fabrikarbeiter erbaut und sind heute für ihren multikulturellen Charakter bekannt. Die Namen der Straßen und Plätze im Transvaalkwartier wurden oft aus Sympathie für die südafrikanischen Buren (ursprünglich niederländische Siedler) gewählt, die im Zweiten Burenkrieg unter ihrem Anführer Paul Kruger gegen die Briten (1899-1902) kämpften. Dieser Krieg beeinflusste die Haager Konventionen von 1899 und 1907 und war einer der Gründe, warum die niederländische Königin Wilhelmina von all den pazifistischen „Influencern“ in ihrer Hauptstadt nicht sehr begeistert war.

FRIEDENSPALAST (S. 43)

Nachdem 1899 beschlossen wurde, den Ständigen Schiedsgerichtshof einzurichten, fand sich der wohlhabende schottisch-amerikanische Stahlmagnat Andrew Carnegie bereit, die Kosten für ein entsprechendes Gebäude zu tragen: den Friedenspalast. Die Bedingung des Philanthropen war, dass der Palast auch eine große Bibliothek für den Bereich Völkerrecht und Frieden beherbergen würde. Noch immer besitzt und verwaltet die Carnegie- Stiftung den Friedenspalast. Heute befinden sich dort auch die Haager Akademie für Internationales Recht und der Internationale Gerichtshof der Vereinten Nationen.

Der Entwurf des Gebäudes ist das Ergebnis eines Wettbewerbs, den der französische Architekt Cordonnier gewonnen hat. Das Mobiliar und die dekorative Ausgestaltung des Gebäudes und der umliegenden Parkanlage entstammen Geschenken aus aller Herren Länder. So kommt beispielsweise der Granit für die Treppen und den Treppenabsatz aus Schweden und Norwegen, der Marmor für die Säulen und Pilaster aus Italien und das Uhrwerk aus der Schweiz. Besonders hervorzuheben sind das japanische Zimmer und die Christusstatue im Treppenhaus, ein Bezug auf „Cristo Redentor de los Andes“ an der Grenze zwischen Argentinien und Chile, hergestellt nach friedlicher Beilegung eines Grenzkonfliktes aus ausgedienten Kanonen. Im Garten steht eine Statue des europäischen Philosophen Desiderius Erasmus, auf dem Sockel sein berühmtes Zitat „Dulce bellum inexpertis“ oder: „Der Krieg ist schön für diejenigen, die ihn nicht kennen“.

RATHAUS (S. 44)

Während das Alte Rathaus aus dem Jahr 1564 in der Innenstadt noch immer wie ein Juwel erstrahlt, wirkt der *IJspaleis* (Eispalast) auf dem Spui wie ein unnahbarer Nachfolger. Durch die vielen weißen Wände wirkt das Gebäude eher wie ein überdimensionales Papiermodell. Der Architekt Richard Meier gab ihm ein riesiges Atrium, auf das man von den Büros aus blickt und in dem bürgerliche Angelegenheiten abgewickelt werden. Die öffentliche Zentralbibliothek und das Stadtarchiv sind auch im Rathaus untergebracht.

HUIS TEN BOSCH (S. 45)

Etwas versteckt im Haagse Bos (Haager Stadtwald) liegt der Wohnpalast unseres Staatsoberhauptes. Er wurde einst als

Johan Maasbach World Mission

Huis ten Bosch

Sommerpalast erbaut und wird heute auch für repräsentative Veranstaltungen des Königs und seiner Familienangehörigen genutzt: Er ist Schauplatz für die Präsentation eines neuen Kabinetts, Reden und Fotosessions der königlichen Familie. Wichtiger für unsere Geschichte ist, dass Königin Wilhelmina 1899 ihren Palast wochenlang als Tagungsraum für die Erste Haager Friedenskonferenz zur Verfügung stellte. Delegationsmitglieder aus 26 Ländern trafen Vereinbarungen zur Kriegsführung, wie zum Beispiel das Verbot von Dumdum-Geschossen, Giftgasen, von anderen chemischen Waffen und Bombenangriffen aus der Luft (damals mit Heißluftballons). Ein wichtiges Ergebnis ist, dass Länder sich auf eine freiwillige Schlichtung in Konflikten einigen, um bewaffnete Konflikte zu verhindern. Das damals gegründete Ständige Schiedsgericht befindet sich heute im Friedenspalast.

NUTSHUIS (S. 45)

In diesem Gebäude am Riviervismarkt gegenüber der Grote Kerk haben diverse soziale Organisationen ihre Büros. Es gibt einen Innenhof und ein Café. Die Räume sowie die Eingangshalle können für Tagungen, Informationsveranstaltungen, Hochzeitszeremonien und vieles mehr gemietet werden. Bis 1992 gehörte das Gebäude der Haagse Nutsspaarbank (die Buchstaben befinden sich noch immer auf dem Dach), wobei „Nut" „Zum Wohle der Allgemeinheit" bedeutet. Der Zentraltresor mit seiner gewaltigen Tresortür ist heute ein Kinoraum.

ROTKREUZ-KRANKENHAUS (S. 47)

An der Sportlaan – so genannt, weil sie einst am Rande der Stadt lag und zu vielen Sportplätzen führte - liegt das Krankenhaus des Roten Kreuzes. Den Haag startete 1868 (vier Jahre nach der Gründung des Roten Kreuzes durch Henry Dunant) eine Krankenschwesternausbildung. Dies war der Beginn eines Krankenhauses mit Unterrichtsräumen, Krankensälen, chirurgischen Kliniken und eigenen Krankenwagen. Das Gebäude aus dem Jahr 1925 wurde während der deutschen Besatzung abgerissen, um Platz für den Atlantikwall zu machen.

Das heutige Gebäude wurde 1960 eröffnet, später wurden auch das Juliana Kinderkrankenhaus und das RonaldMacDonald Haus hierher verlegt. Nachdem die Krankenhausfunktionen jetzt vom HagaZiekenhuis am Standort Leyweg übernommen wurden, sollen hier Asylsuchende und Obdachlose untergebracht werden. Die Schlangen an der Fassade verweisen auf den Stab des Äskulap, des griechischen Gottes der Medizin.

KUNSTMUSEUM (S. 51)

Über dieses Meisterwerk des Architekten H.P. Berlage wurden viele Bücher geschrieben. Auch die Sammlungen und Ausstellungen machen einen Besuch des ehemaligen Haager Stadtmuseums sehr lohnenswert. In der Graphic Novel wird suggeriert, dass das Kunstmuseum möglicherweise Kostüme aus dem 19. Jahrhundert an Privatpersonen ausleihen würde, aber das stimmt natürlich nicht. Wohl werden Museumsstücke anderen Museen auf der ganzen Welt als Leihgabe überlassen. Sehr beliebt sind beispielsweise die Werke von Mondriaan und der Haager Schule. Im Gegenzug stellt das Kunstmuseum viele Meisterwerke aus, die es vorübergehend von seinen Partnermuseen ausleihen kann.

HAFEN SCHEVENINGEN (S. 51)

Das Dorf Scheveningen war schon immer ein Fischerdorf, doch der Hafen wurde erst 1904 gebaut. Grund war die Zerstörung der 134 am Strand liegenden „bomschuiten" genannten Flachbodenschiffe bei einem Sturm im Jahr 1894. Das Dorf verlor dabei auf einen Schlag seine Einnahmequelle. Obschon die Menschen den natürlichen Schutz der Dünen nur ungern verletzten, war der Schutz der Fischereiflotte wichtiger. Jetzt sind der Eerste en Tweede Haven (Erste und Zweite Hafen) der Ort, an dem Veranstaltungen wie der Vlaggetjesdag (Fähnchentag), die Ankunft von Sinterklaas (Hl. Nikolaus) und das Ocean Race stattfinden. Zudem werden auf der Fischauktion die in der Nordsee gefangenen Fische und Meeresfrüchte versteigert.

DAS KURHAUS (S. 52-63)

Es wird erzählt, der Direktor dieses schicken Hotels sei der Einzige, der Zugriff auf das Gästebuch habe. Dieser Schatz wird in einem Tresor aufbewahrt und symbolisiert die Großartigkeit dieses unter Denkmalschutz stehenden Gebäudes aus dem Jahr 1885. Viele berühmte Gäste übernachteten hier, feiernd oder die Aussicht auf das Meer bewundernd. Dazu gehört auch Bertha von Suttner, die 1894 ihre Unterschrift in das Gästebuch setzte. In ihrem Tagebuch, das sie 1899 über die Erste Haager Friedenskonferenz führte, heißt es, dass sie dort Treffen abhielt, um Einfluss auf die verhandelnden Delegationsmitglieder auszuüben. Es ist sehr wahrscheinlich, dass sie auch in den Jahren 1907 und 1913 Bekannte im Hotel aufsuchte. Anlässlich der Zweiten Friedenskonferenz im Jahr 1907 gab der Haager Stadtrat die damals stolze Summe von 15.000 Gulden für einen Festabend in „einem der schönsten Festsäle überhaupt", dem Kursaal, aus.

ROSARIUM IM WESTBROEKPARK (S. 53)

Ein guter Ort für ein Familienpicknick ist der Westbroekpark. Seit 1960 blühen im Rosarium rund 20.000 Rosenbüsche, und in der Teestube am Wasser können Sie Ruderboote mieten. In den Sommermonaten wird der Park zur Attraktion durch das Festival „De Parade". In der Graphic Novel sind im Hintergrund die markanten Türme der Nieuwe Badkapel zu erkennen.

PLEIN 1813 (S. 55)

Als Napoleon Bonaparte in der berühmten Völkerschlacht bei Leipzig (1813) eine Niederlage erlitt, zogen sich die französischen Besatzer aus den Niederlanden zurück. Es entstand ein Machtvakuum. Drei Haager Führungspersonen („Das Triumvirat") ergriffen die Initiative, einen Brief an Willem Frederik von Oranien-Nassau nach London zu schicken. Dieser war der dritte Sohn des Statthalters Wilhelm V., der 1795 von den Franzosen vertrieben wurde. Willem Frederik hatte zunächst gegen die Franzosen gekämpft, folgte letztendlich jedoch seinem nach England geflohenen Vater.

Nun wurde er eingeladen, als „souveräner Monarch" die Regierung der Niederlande zu übernehmen. Er segelte auf einem englischen Kriegsschiff nach Scheveningen. Der Moment, als er in einem Bauernkarren vom Schiff zum Strand gebracht wurde, ist in vielen Drucken und Gemälden dargestellt. Der Ort des Geschehens in Scheveningen ist mit einem Obelisken markiert.

Die riesige Statue in der Mitte des Plein 1813 ist voller Symbolik. Zum einen feiert sie das Ende der 18 Jahre dauernden französischen Besatzung. Zugleich markiert sie den Beginn des heutigen Königreichs der Niederlande mit dem eingeladenen Prinzen als König Wilhelm I. Oben auf der Statue sehen wir die triumphierende niederländische Jungfrau mit dem niederländischen Löwen. Der König leistet mit erhobener rechter Hand einen Eid auf die niederländische Verfassung. Die drei

Plein 1813

Herren, die seine Ankunft vorbereiteten, schütteln sich die Hände, und die sitzenden Frauen auf beiden Seiten verkörpern Religion und Geschichte.

Dieses Nationaldenkmal steht inmitten eines weitläufigen, von eleganten weißen Villen gesäumten Kreisverkehrs. Mit seinen monumentalen Rosskastanien (einige sind bereits 100 Jahre alt) ist es ein symbolträchtiger Ort in Den Haag. Allerdings meiden viele Radfahrer den Platz wegen des holprigen Kopfsteinpflasters.

DER PIER VON SCHEVENINGEN (S. 65)

Als das Baden im Meer im 19. Jahrhundert populär wurde, wandelte sich Scheveningen von einem Fischerdorf zu einem mondänen Bade- und Kurort. 1901 wurde der erste Pier eröffnet: Eine Fußgängerpromenade, die weit ins Meer hineinreichte. Dieser Pier wurde im Zweiten Weltkrieg abgebaut, um eine mögliche Invasion der Alliierten zu erschweren. Der heutige Pier aus dem Jahr 1961 ist überdacht und bietet Platz für unzählige kleine Geschäfte, die den Aufenthalt in Scheveningen auch an weniger angenehmen Tagen angenehm machen sollen. Beliebt sind der Bungee-Jumping-Turm und das Riesenrad, auch als Logo auf dem Musikpodium der Haager Popgruppe „Goldband".

QUELLENANGABE

S. 67: Celebrating Bertha von Suttner (Alyssa Winans, doodles.google), Ivo Ambros Vermeersch Prag Altstädter Ring 1843 dorotheum (Wikipedia), Payne Central-Europa-Wien (SLUB Dresden), Dadiani Palaces History and Architectural Museum (Wikipedia) **S. 68:** indiaoutbound.info, St. Mark's Church and the clock-Venice (Wikipedia), Candy wrapper from the French company Guérin-Boutron (peaceatlastbook.wordpress.com) **S. 69:** Casualties Flood into Dresden (ghdi.ghi-dc.org) **S. 70:** Austro-German War (Wikipedia) **S. 71, 72:** Bertha von Suttner (Wikipedia) **S. 73, 74, 75, 76:** Haags Gemeentearchief, Poster Laat mij binnen, ik breng nieuw licht (Wikipedia) **S. 77:** Hofvijver in Den Haag (photo Patrick Rasenberg, Wikipedia) **S. 78:** Haagse Harry (thehagueonline), Skatepark Malieveld (photo Vera de Kok, Wikipedia), Gerry de kraai (photo Stroom Den Haag, bkdh.nl) **S. 79:** Johan Maasbach World Mission (photo Vysotsky, Wikipedia), Paleis Huis ten Bosch (photo Freek van den Bergh, © RVD)